WESTEND

GREGOR GYSI

AUSSTIEG LINKS?
EINE BILANZ

Nachgefragt und aufgezeichnet von
Stephan Hebel

WESTEND

Mehr über unsere Autoren und Bücher:
www.westendverlag.de

Die Deutsche Nationalbibliothek verzeichnet diese Publikation in
der Deutschen Nationalbibliografie; detaillierte bibliografische Daten
sind im Internet über http://dnb.d-nb.de abrufbar.

Das Werk einschließlich aller seiner Teile ist urheberrechtlich geschützt.
Jede Verwertung ist ohne Zustimmung des Verlags unzulässig. Das gilt
insbesondere für Vervielfältigungen, Übersetzungen, Mikroverfilmungen
und die Einspeicherung und Verarbeitung in elektronischen Systemen.

5. Auflage 2015
ISBN 978-3-86489-116-8
© Westend Verlag GmbH, Frankfurt / Main 2015
Alle Fotos im Innenteil: Andreas Schoelzel, www.schoelzel.net
Umschlaggestaltung: pleasant_net, Büro für strategische Beeinflussung
Umschlagbild: © picture-alliance / dpa / schlesinger
Satz: Publikations Atelier, Dreieich
Druck und Bindung: CPI – Clausen & Bosse, Leck
Printed in Germany

Inhalt

Vorwort	7
Was bleibt? Die Höhepunkte eines Politikerlebens und ein erster Blick in die Zukunft	19
Links, wie geht das? Von Rente bis Asyl: die Partei und der Populismus	47
Was prägt? Die Familie, der Antifaschismus und die Widersprüche der DDR	61
Wie weiter? Der Ausstieg, die Gründe und die Folgen	89
Reif für den Westen? Ein bürgerlicher »Ossi« und die deutsche Einheit	99
Zukunft ohne Gysi? Alte Fragen, neue Gesichter und die künftige Rolle der Linkspartei	117
Wo bleibt die Wende? Merkel, Gauck und das Problem mit der Wechselstimmung	143
Ein Mann der Worte – bedeutende Reden Gregor Gysis in Auszügen	167
Chronologie	215

Vorwort

Der Rosa-Luxemburg-Platz und die Cranachstraße haben wenig gemeinsam. In Berlin-Mitte, wo die Heldin der Arbeiterbewegung sich bis heute auf den Straßenschildern gehalten hat, steht gegenüber der Volksbühne das Karl-Liebknecht-Haus, der eher unauffällige Sitz der Partei Die Linke. Im westlichen Wohnstadtteil Friedenau, in einem der gediegenen Jahrhundertwende-Bauten der Cranachstraße, ist der »Vierraumladen« untergebracht. Zwischen beiden Orten liegen gut zwanzig Autominuten, die ehemalige Mauer und für mich auch zwanzig Jahre.

Es sind die beiden Orte, an denen ich Gelegenheit hatte, Gregor Gysi zu Gesprächen zu treffen, die den Rahmen der üblichen Interviews sprengten. Vor allem aber sind es zwei Orte, die zum Werdegang dieses Politikers passen. Und damit zu diesem Buch, das seine Entwicklung vom Anwalt der Ostdeutschen zur gesamtdeutschen Politgröße in einem ersten bilanzierenden Gespräch nachzuzeichnen versucht.

Am 7. Juni 2015 verkündete Gregor Gysi auf dem Bielefelder Parteitag der Linken, was viele Beobachter ahnten und manche seiner Genossen längst wussten: Er werde im Oktober, wenn die Spitze der Bundestagsfraktion neu zu wählen sei, nicht wieder kandidieren.

Der charismatische Redner tat dies in einer Weise kund, die man inzwischen längst von ihm gewohnt ist: Er redete seiner Partei ins

Gewissen, sich nicht in fundamentalistischen Positionen zu verschanzen. Er warb, bei aller heftigen Kritik am politischen System und den herrschenden Parteien, auch für die Vorzüge und Möglichkeiten, die die Menschen im Kapitalismus trotz allem genießen. Er forderte Kompromissfähigkeit, die etwas ganz anderes sei als Selbstaufgabe. Und er teilte wohl zum letzten Mal auf großer Bühne gegen diejenigen in der Linkspartei aus, die lange vor Koalitionsverhandlungen schon unüberwindbare »Haltelinien« zögen, weil sie linke Regierungsmitverantwortung gar nicht wollten.

Und doch war es diesmal anders. Denn aus Gregor Gysi sprach etwas, das er sonst fast perfekt zu beherrschen und höchstens bei Bedarf dosiert einzusetzen versteht: Gefühle. Als er sich vor den Delegierten in aller Öffentlichkeit bei Angehörigen und Freunden für ständige Abwesenheit und mangelnde Zuwendung entschuldigte, da brach ihm für einen Moment die Stimme. Und allen, die zuhörten, wurde klar: Diesmal ist es wohl wirklich ein Abschied für immer.

Diesmal wird Gysi nicht – wie vor der Bundestagswahl 2005 – zurückkehren in die erste Reihe, wo der Reiz des Ruhms so nah bei der Gefahr der Vereinsamung sitzt. Es wird zwar nicht »Rente mit 67« sein, was wir künftig von ihm erleben, auch wenn er im Januar 2015 67 Jahre alt geworden ist. Dafür hat der Mann – daran lässt er auch in diesem Buch keinen Zweifel – noch viel zu viel vor. Aber so, wie er sich in Bielefeld verabschiedet hat, und so, wie er sich im Gespräch präsentiert, ist ein Comeback praktisch ausgeschlossen.

Weil also dieser Abschied wohl endgültig ist, lag der Gedanke nahe, Gregor Gysi um ein ausführliches Gespräch zu bitten, um es rechtzeitig zu seinem Abschied vom Fraktionsvorsitz in Buchform zu dokumentieren und damit eine erste Bilanz vorlegen zu können. Keine großangelegte oder gar vollständige Biografie sollte es werden – die wird er sicher bald selbst verfassen –, aber doch ein Rückblick, der einige Ursprünge und Triebkräfte, einige Höhe- und auch Tiefpunkte dieser außergewöhnlichen Politikerkarriere erkennen lässt.

Gysi war nach kurzem Nachdenken einverstanden, aber »den Ort«, sagte er am Telefon, »bestimmen Sie«. Die Idee, das Gespräch »tief im Westen« zu führen, ist mir dann gar nicht selbst gekommen. Ich war wohl dem Reflex erlegen, den ehemaligen DDR-Juristen in die Ost-Schublade zu stecken, obwohl er seiner Anwaltstätigkeit längst im gehobenen Teil Charlottenburgs, in der Fasanenstraße, nachgeht. Dann aber erzählte mir mein sehr geschätzter Kollege Harry Nutt, er betreibe mit seiner Partnerin Barbara Brockert in Friedenau eine kleine Galerie, die auch über Tagungsräume verfügt: den »Vierraumladen«.

Es ist ein ruhig gelegener Ort, der mit seiner geschmackvollen Einrichtung und dezent platzierter moderner Kunst an den Wänden eine bürgerlich-gelassene Atmosphäre ausstrahlt. Und wer in diesem Buch liest, was Gregor Gysi über seine durchaus bürgerliche Herkunft sagt, wird verstehen: Das passt zu einem Mann, der, wenn auch von der DDR mitgeprägt, allem anderen entspricht als dem klassischen Klischee vom »Ossi«.

Zu unserer Verabredung erschien Gregor Gysi auf die Minute pünktlich. Und während ich meine drei Aufnahmegeräte in Position brachte – nicht etwa nur eins oder zwei, dafür war die Angst, das Ganze könnte an der Technik scheitern, zu groß –, erinnerte ich mich wieder an den Sommertag des Jahres 1995, als ich Gysi schon einmal zu einem ausführlichen Gespräch getroffen hatte, damals gemeinsam mit meinem Kollegen Axel Vornbäumen.

Das Interview für die *Frankfurter Rundschau* fand in Gysis geräumigem Arbeitszimmer im Karl-Liebknecht-Haus am Rosa-Luxemburg-Platz statt. Es dauerte natürlich nicht so viele Stunden wie unser Treffen für dieses Buch, sondern vielleicht eine. Aber was mir 2015 so auffiel wie 1995: Konzentrieren kann sich der Mann wie kaum ein Zweiter. Als sei etwas in ihm mit dem roten Aufnahmeknopf verbunden, schaltet er in den Interviewmodus und behält ihn, wenn nötig, Stunden über Stunden bei, unterbrochen nur von wenigen kurzen Pausen.

Im »Vierraumladen« gab es eine Situation, in der vor der Tür ein etwas lauteres Gespräch unter Passanten entstand. Ich schaute, leicht irritiert, immer mal wieder nach draußen, bis Gregor Gysi mitten in einem seiner Sätze die Bemerkung schob: »Sie dürfen sich nicht stören lassen.« Recht hatte er.

Vor zwanzig Jahren, im Karl-Liebknecht-Haus, war es ausschließlich um die DDR-Staatssicherheit und den Vorwurf gegangen, Gysi habe dem Spitzeldienst als »Inoffizieller Mitarbeiter« (IM) gedient. Er bestritt das, wie er es bis heute bestreitet, auch in diesem Buch. Ich neigte übrigens schon damals im Angesicht der Akten und der vorliegenden Aussagen dazu, ihm zu glauben – und ich neige dazu bis heute.

Ich denke – auch das ist Thema des in diesem Buch dokumentierten Gesprächs –, dass die Debatte über die Verstrickung ins System der SED-Diktatur sich viel zu sehr auf die Frage »IM oder nicht IM?« konzentriert, besonders im Fall Gysi. Wenn man dem damaligen Anwalt zu viel Nähe zum SED-Regime vorwerfen will, dann bietet das, was allgemein bekannt ist und von ihm auch nicht bestritten wird, dazu Anlass genug: War nicht das Zentralkomitee der Staatspartei, mit dem er immer wieder über die Dissidenten unter seinen Mandanten sprach, viel wichtiger und mächtiger als der Geheimdienst, dessen sich die Partei bediente? Damit, so meine ich, sollte sich die Debatte über die ostdeutsche Diktatur beschäftigen, und diese Frage ist es auch, auf die sich unser Gespräch in der Passage über die Stasi-Vorwürfe konzentriert.

Als wir unser Interview 1995 führten, war die Wende keine sechs Jahre vorüber. Einen großen Teil dieser Jahre hatte Gregor Gysi wie im Zeitraffer erlebt. Die Wende von 1989 hatte ihn, wie er selber sagt, mehr in die Politik gespült, als dass er diese Karriere angestrebt hätte. Er war schließlich auch keiner gewesen, der nur darauf gewartet hätte, dass die DDR oder wenigstens die SED so bald wie möglich untergehen möge.

Nein, Gregor Gysi war – auch das sagt er selbst – ein durchaus loyaler DDR-Bürger und Genosse mit SED-Parteibuch. Der Antifaschismus, der in der Selbstwahrnehmung und in der Propaganda der Staats- und Parteielite eine so zentrale Rolle spielte und zugleich zur Rechtfertigung für die Missachtung von Freiheitsrechten missbraucht wurde, war für ihn eben auch gelebte Familiengeschichte.

Der jüdische Teil seiner Vorfahren hatte die Verfolgung durch die Nazis am eigenen Leib erlebt, der Name von Gregor Gysis Urgroßmutter, die in Auschwitz ermordet wurde, findet sich in der israelischen Holocaust-Gedenkstätte Yad Vashem. Und Gysis Eltern hatten von 1940 bis zum Kriegsende im Auftrag der Kommunistischen Partei in Deutschland Untergrundarbeit gegen die Nationalsozialisten geleistet. Der antifaschistische Identitätskern, so differenziert und kritisch er ihn auch in diesem Buch beschreibt, dürfte im Hause Gysi unumstritten gewesen sein.

So etwas schafft Loyalitäten, die allerdings auch den Blick auf das Versagen und die Verbrechen der Staatsmacht trüben können. Zumal es dem Vater, der als Minister für Kultur, dann Botschafter in Rom und zuletzt Staatssekretär für Kirchenfragen knapp unter der obersten Führungsetage angesiedelt war, offenbar immer wieder gelang, die Loyalität mit einer gewissen ironischen Distanz zu verbinden. Nicht, dass Klaus Gysi je auf die Idee gekommen wäre, in Opposition zu gehen, wie etwa der später von Sohn Gregor verteidigte Robert Havemann. Dazu war der ernsthafte Glaube an das »antifaschistische Projekt« DDR dann doch zu groß. Aber es muss durch das Haus Gysi zugleich der ständige Hauch eines Sarkasmus geweht haben, der das schlechte Gewissen, falls vorhanden, wegblies und es leichter machte, dem System im Ganzen treu zu bleiben. Vielleicht auch deshalb, weil das westliche Lebensgefühl, personifiziert in einer Vielzahl von Besuchern, von Anfang an seinen Platz am Familientisch hatte.

Es ist nicht übertrieben zu behaupten, dass Sohn Gregor von beidem – vom ernsthaften Glauben wie von der ironischen Distanz – etwas geerbt hat. Vom »Projekt« DDR (dessen Scheitern ihm inzwischen natürlich bewusst ist) kann er bis heute auch mit Sarkasmus reden, vor allem wenn er die Verhältnisse – auch in diesem Buch – mit teils absurden Anekdoten illustriert. Aber die Bindung an die historischen Entstehungsgründe des autoritären Staatssozialismus ist ebenfalls nicht ganz verschwunden. Auf die Frage, warum er 1989/90 die SED nicht aufgelöst habe, kommt Gysi auch heute noch – neben vielen pragmatischen Erwägungen – ein, wie er sagt, »ideeller Grund« in den Sinn: Das sei immer noch die Partei von Rosa Luxemburg und Karl Liebknecht gewesen, und so etwas löse ein Gregor Gysi nun mal nicht auf.

Auch in der Anwaltstätigkeit des versierten Juristen spiegelte sich dieses Lavieren (ein Begriff, den er durchaus akzeptiert) zwischen Loyalität und Distanz. Gregor Gysi verteidigte Dissidenten, und er tat es auch dann, wenn seine DDR-Kollegen die Finger von den Fällen ließen. Aber für ihn war es zugleich selbstverständlich (und ist es bis heute), dass er im Gespräch mit SED-Funktionären immer mit dem Machterhalt der Partei argumentierte, um etwas für die Mandanten zu erreichen. Ein Revolutionär war Gregor Gysi nie, und er macht daraus keinen Hehl.

Das Karl-Liebknecht-Haus war 1995 der geeignete Ort, um im Abstand von wenigen Jahren auf die DDR-Diktatur und die Verstrickung des Gregor Gysi zurückzublicken – zumal die IM-Debatte gerade eine ihrer heißesten Phasen erlebte. Nun, zwanzig Jahre später, mag man darüber diskutieren, ob das Thema endgültig »ausgestanden« ist, wie Gysi sagt, oder nicht. Vor allem aber hat er in dieser Zeit eine politische Karriere hingelegt, die es in sich hat. Heute wissen wir, dass er als eine der wichtigsten Symbolfiguren der deutschen Vereinigung in die Geschichte eingehen wird.

So drehte sich das Gespräch in der Cranachstraße im August 2015 zwar auch um die DDR-Vergangenheit, ohne die diese Karriere kaum zu verstehen wäre. Es drehte sich aber vor allem auch um die Erfolge und Misserfolge, die wichtigsten Begegnungen und beeindruckendsten Erlebnisse des Gregor Gysi. Und es drehte sich um die Frage, was unter seiner entscheidenden Mitwirkung aus der gesamtdeutschen Linken geworden ist – und in nächster Zukunft noch werden könnte.

Je näher nämlich der Abschied des Fraktionsvorsitzenden aus der ersten Reihe rückte, desto mehr geriet beim Blick auf Gregor Gysi der politische Alltag in den Hintergrund. Langsam beginnt sich die historische Figur aus dem Getümmel zu lösen und in den Vordergrund des Bildes zu schieben. Und erkennbar wird einer, dessen Rolle im Einheitsprozess auch die ärgsten Gegner nicht (oder nicht mehr lange) leugnen werden. Weder seine Verdienste noch seine Fehler.

Auf der positiven Seite steht für mich ein Aspekt im Vordergrund, der manchmal allzu wenig Beachtung bekommt: Die aus der SED entstandene PDS dürfte dafür gesorgt haben, dass rechte und rechtsextreme Kräfte in der ehemaligen DDR nicht noch stärker geworden sind. Es gibt davon wahrlich mehr als genug. Aber es kann vermutet werden, dass die Lage noch viel schlimmer aussähe, hätte es nicht auch eine linke Kraft gegeben, die den Frustrierten und Irritierten Halt und den heimatlos Gewordenen Heimat bot.

Dass viele Wähler der PDS auch ganz rechts hätten landen können, mag auf den ersten Blick ein irritierender Gedanke sein. Bei allen Anflügen von DDR-Nostalgie, trotz allen Streits über mehr oder weniger radikale Systemkritik hat die PDS schließlich nie einen Zweifel daran gelassen, dass sie eine Rückkehr zu autoritären, gar diktatorischen Verhältnissen ausschließt. Das verbietet jeden Vergleich mit denjenigen, die der NPD, marodierenden »Kameradschaften« oder auch »Pegida« auf den Leim gegangen sind.

Und doch ist es wahr, dass ausgerechnet die vermeintlich fundamentaloppositionelle PDS den für rechte Ideologien anfälligen Teilen der ehemaligen DDR-Bevölkerung eine im Kern demokratische Alternative bot. Ein großer Teil ihrer Anhänger und Wähler dürfte gerade in den Jahren nach der Wende jenen, so Gysi, »kleinbürgerlichen« Schichten angehört haben, die sich mit dem SED-Regime arrangiert oder es gar aktiv mitgetragen hatten und nun ein Ventil für Abstiegsängste und -erfahrungen suchten. Sie fanden in der PDS vieles wieder – Kultur, Sprache, Habitus –, womit sie aufgewachsen waren. Aber sie fanden in der Partei – und besonders in Gregor Gysi – zugleich diejenige Kraft, die zeigte, dass man ihre Interessen auch innerhalb des neuen, noch so fremden Systems artikulieren und vertreten kann.

Auch Gysi-Kritiker werden zugeben: Die Person des letzten SED- und ersten PDS-Vorsitzenden war in diesem Sinne ein historischer Glücksfall. Sein biografischer Hintergrund, diese seltene Mischung aus DDR-»Stallgeruch« und westlich-bürgerlichen Stilelementen, machte ihn zum nahezu idealen Bindeglied zwischen dem Alten und dem Neuen, zwischen Ost und West.

Wer Gregor Gysi in den Jahren nach der Wende beobachtete, erlebte – wenn er in den neuen Ländern auftrat – ein erstaunlich hohes Maß an Zuwendung für die Frustrierten und DDR-Nostalgiker. Den Osten ziemlich pauschal zum Opfer zu stilisieren, über Rentenunrecht und Stasi-Hexenjagd zu klagen, das ging dem Anführer der »Nachfolgepartei« leicht über die Lippen. Aber dabei ist es nie geblieben. Ich werde nicht vergessen, wie er im selben Atemzug geradezu flehentlich für die Vorzüge der Einheit warb. Und wenn es nur die neuen Telefonleitungen (»besser als im Westen«) oder die frisch geteerten Straßen waren.

Gysi hat in unserem Gespräch für dieses Buch deutlich gemacht, dass ihm diese Brückenfunktion durchaus klar war und dass er die Rolle bewusst spielte. Die PDS, erzählt er, habe vor der Entscheidung gestanden, entweder zu einer modernen linken Partei zu werden – oder aber die »kleinbürgerlichen« Schichten gezielt mit anzusprechen, ihre Opfergefühle aufzugreifen und zugleich bei ihnen für ein Mittun im westlichen System zu werben. Die Entscheidung ist damals eindeutig für Letzteres gefallen. Und es ist nicht übertrieben zu sagen: Das ist eine Integrationsleistung, die ohne Gysi und die PDS schwer vorstellbar gewesen wäre.

In der breiten Öffentlichkeit allerdings wurde ein anderer Aspekt noch wesentlich aufmerksamer verfolgt: die »Westausdehnung« der PDS. Sie gelang bekanntlich nur in Maßen. Bei Landtagswahlen in den alten Bundesländern scheiterte die Partei regelmäßig an der Fünf-Prozent-Hürde, und 2005, noch bevor die nächste Niederlage in Nordrhein-Westfalen besiegelt war, stellte Gregor Gysi in einem Interview mit dem Berliner *Tagesspiegel* ausdrücklich das Scheitern der Westausdehnung fest.

Bei dieser Wahl, im Mai 2005, war auch die »Wahlalternative Arbeit und soziale Gerechtigkeit« (WASG) schon angetreten. Diese westdeutsche Sammlungsbewegung gegen die neoliberale Politik des SPD-Kanzlers Gerhard Schröder erreichte 2,2 Prozent der Stimmen. Die PDS, unter »Sonstige« geführt, landete bei weniger als einem Prozent.

In diesem Buch spricht Gysi rückblickend vom »Absterben«, das der PDS als ostdeutscher Heimatpartei mit zunehmendem Zeitabstand zum Ende der DDR bevorgestanden hätte. Dann aber ergab sich die Chance, eine gesamtdeutsche Linkspartei ins Leben zu rufen. Und die, sagt er, durfte nicht ungenutzt bleiben.

Im Jahre 2002 war Gysi ausgestiegen aus der Politik. Zwei Jahre später hatte er zwei Herzinfarkte erlitten. Ein Aneurysma, das eine Gehirnoperation erforderte, kam hinzu, gefolgt von einem weiteren Herzinfarkt. Kaum jemand rechnete damit, dass der 56-Jährige noch einmal in die Politik zurückkehren würde. Aber dann, so erzählt er es, kam Oskar Lafontaine mit dem Plan, die WASG mit der PDS zu vereinigen – unter der Bedingung, dass Gysi mitmacht. Und dieser konnte nach eigener Aussage nicht anders, als sich einen

Traum zu erfüllen: eine Partei links der SPD, die für ihn nichts weniger bedeutet als die Herstellung »europäischer Normalität« in Deutschland.

Und bald war klar: Niemand konnte diese gesamtdeutsche Partei so angemessen repräsentieren wie der begnadete Rhetoriker, der linke »Ossi« mit westlich-bürgerlicher Aura, Gregor Gysi.

Natürlich geht es in diesem Buch auch um die Frage, ob die Linkspartei ohne ihr Aushängeschild eine Zukunft hat. Der scheidende Fraktionsvorsitzende gibt sich optimistisch. Aber wer will, mag den zurückhaltenden Ton seiner Aussagen zu diesem Thema auch als Zeichen einer gewissen Skepsis deuten. Dass es auch einem Gregor Gysi nicht vollständig gelang, die kulturell unterschiedlichen und hingebungsvoll miteinander streitenden Teile seiner Partei zu einen, das räumt er selbst unumwunden ein. Ob er, der eigentliche Anführer, das wegen mangelnder eigener Durchsetzungskraft nicht schaffte oder wegen unüberwindbarer Gräben, das muss sich zeigen, wenn die Führung sich ohne ihn neu sortiert hat. Aber auch Gysis schärfste Kritiker werden zugeben müssen: Die Integration vieler Ostdeutscher ins parlamentarische System und sein Beitrag zum Entstehen einer Partei links von der SPD sind nicht zuletzt sein Verdienst.

Wir haben im »Vierraumladen« natürlich noch über viele andere Themen gesprochen: zum Beispiel über Europa und den Euro, über die Rente und die Ehe für alle, über Sahra Wagenknecht, Angela Merkel und Joachim Gauck und über die Wünsche eines 67-Jährigen an seine berufliche Zukunft – meine Fragen und Gysis Antworten finden Sie im Folgenden dokumentiert. Alles zusammen ergibt, so hoffe ich, einen ersten Überblick über die Motive und Erfahrungen, die Triumphe und die Enttäuschungen eines umstrittenen, aber für das Nachwende-Deutschland prägenden Politikers.

Im Anschluss an das Gespräch finden Sie Auszüge aus einigen wichtigen Reden, die Gregor Gysi im Lauf dieser Karriere gehalten hat – vom Auftritt auf dem Berliner Alexanderplatz Anfang November 1989 bis zum Abschied vom Fraktionsvorsitz im Juni 2015. Sie können, wie ich meine, der Ergänzung und Vertiefung der im Gespräch enthaltenen Schilderungen dienen und den Kontext der beschriebenen Ereignisse illustrieren. Eine Chronologie am Ende des Buches gibt Gelegenheit zum schnellen Überblick über Gysis Lebensdaten.

Dieses Buch hätte in der kurzen Zeit, die zur Verfügung stand, ohne engagierte Mitarbeit von vielen Seiten nicht entstehen können. Für die Transkription und Erstbearbeitung, und nicht nur dafür, danke ich Tanja Kokoska, die nicht nur die Frau meines Lebens, sondern auch eine herausragende Autorin und Beherrscherin der deutschen Sprache ist. Für den »Vierraumladen« danke ich Barbara Brockert und Harry Nutt. Für reibungslose Planung, perfektes Lektorat und punktgenaue Produktion danke ich dem Westend Verlag, namentlich Rüdiger Grünhagen, Markus J. Karsten und Bernd Spamer.

Dafür, dass er all das möglich gemacht hat, danke ich Gregor Gysi. Ebenso seiner geduldigen und liebenswürdigen Büroleiterin Katja Volkmann sowie dem immer hilfsbereiten Fraktionssprecher Hendrik Thalheim.

Stephan Hebel

Was bleibt? Die Höhepunkte eines Politikerlebens und ein erster Blick in die Zukunft

»Ich muss erst noch lernen, Nein zu sagen«

Es ist Sonntag, in Berlin scheint die Sonne. Wie würden Sie sich, gäbe es unser Gespräch nicht, die freie Zeit vertreiben?

Noch bin ich ja Fraktionsvorsitzender. Wenn ich keine Termine habe, verbringe ich die Sonntage zu Hause. Ich bearbeite die Post aus dem Bundestag und bereite die Sitzung des Fraktionsvorstandes in der kommenden Woche vor. Ich lese bei allen Anträgen, die meine Fraktion stellen möchte, den Forderungsteil. Ich will immer wissen, worum es geht. Die Begründung lasse ich weg – es sei denn, es geht um ein schwieriges Thema wie Israel und Palästina. Dann lese ich lieber alles.

Außerdem ist es so: Im politischen Leben kann man davon ausgehen, dass man die meisten Termine am Wochenende hat. Kongresse, Podiumsdiskussionen, Veranstaltungen, Feierlichkeiten, all das findet regelmäßig am Samstag oder Sonntag statt. Das geht mir übrigens manchmal auch auf die Nerven, aber ich kann es nicht ändern.

Mit all dem ist es ja jetzt vorbei, die Pflichten als Fraktionsvorsitzender fallen immerhin weg. Aber ich bin mir gar nicht so sicher, ob ich so viel Zeit gewinne, wie ich mir das mal vorgestellt habe. Ich muss erst noch lernen, die Dinge anders zu organisieren. Ich muss lernen, Nein zu sagen. Ich muss mich schon ein bisschen zurücknehmen. Und das will ich auch.

Warum sind Sie nicht sicher, dass Sie Zeit gewinnen?

Ich bekomme jetzt schon Einladungen, die es früher nicht gab. Leute und Einrichtungen, die Hemmungen hatten, den Fraktionsvorsitzenden der Linken einzuladen, haben sie nicht mehr. Ich diskutiere zum Beispiel demnächst bei der Polizei. Es gibt also eine gewisse Verschiebung zu anderen Terminen – aber das heißt ja nicht unbedingt, dass sie weniger werden. Und noch etwas: Ich bekomme jetzt auch als Anwalt Anfragen, die ich früher nicht bekam. Es wird versucht, mich mehr in Anspruch zu nehmen, weil viele davon ausgehen, dass ich mehr Zeit habe. Auch da muss ich auswählen, was ich mache und was nicht. Vieles, das auf mich zukommt, ist allerdings wirklich interessant.

Balla balla und die Beatles in der DDR

Meine Frage war eigentlich, was Sie mit Freizeit anfangen.

Erstens: Innerlich zur Ruhe kommen, mich entspannen. Das ist das Wichtigste, besonders im Urlaub. Bisher habe ich dazu immer eine Woche gebraucht. Erst dann konnte ich anfangen, Dinge zu genießen, denn in der ersten Woche war ich gedanklich noch im Dienst. Und wenn der Urlaub unterbrochen wurde, zum Beispiel durch eine Sondersitzung im Bundestag, bei der ich reden musste, dann war ich natürlich völlig raus aus dem Urlaubsrhythmus.

Mir fällt es auch gar nicht so leicht, zu innerer Ruhe zu finden, obwohl ich mich gern entspanne. Kürzlich habe ich mal mit meinem Kollegen Jan Korte in Dänemark geangelt, dann auch im Norwegen-Urlaub. Da habe ich verstanden, was die Leute daran reizt: Es ist gar nicht das Fangen von Fisch. Es ist dieses Für-sich-Sein. Diese Ruhe. Die Entspannung, wenn man einfach nur auf das Wasser schaut. Aber das ist nicht so leicht, wie es klingt. Ich bin kein Angler-Typ, das habe ich festgestellt.

Natürlich lese ich gern. Aber dazu muss ich ein Buch aufnehmen können. Wenn ich angespannt bin und fange an, ein Buch zu lesen, dann stelle ich nach drei Seiten fest, dass ich gar nicht mitbekommen habe, was da stand, weil ich in Gedanken wieder bei irgendwelchen Anträgen, Reden oder sonstwas war. Das möchte ich gerne überwinden.

Das Zweite, was ich sehr gerne mache, ist Musik hören, ganz unterschiedliche Musik. Klassik liebe ich sehr. Jazz mochte ich zuerst nicht, aber der Schriftsteller Joseph von Westphalen hat mich mit seinen Jazzaufnahmen, mit denen man angeblich alle Frauen gewinnt, überzeugt. Das mit den Frauen ist mir zwar nicht gelun-

Gregor Gysi startet zum ersten Flug mit seinem neu erworbenen Flugschein, Lothar Bisky begleitet ihn als Co-Pilot.

gen, aber ich höre diesen Jazz trotzdem gern. Vor allem die alten Sachen, zum Beispiel Louis »Satchmo« Armstrong mit seiner Trompete. Manchmal höre ich auch ganz gerne ... wie sagt man dazu, Popmusik?

Abba?

Nein, eher Adele und Lena del ...

Lana Del Rey.

Ja, genau, ich finde ihre Stimme sehr schön. Und dann sind da natürlich die Hits aus meiner Jugend. Ich liebe zum Beispiel Janis Joplin. Natürlich weiß ich, dass sie drogensüchtig war. Aber verstehen Sie, wenn sie sang, dann hat sie ihr ganzes Leben auf die Bühne gebracht. Das war Leidenschaft! Das war etwas Faszinierendes und Ansteckendes! Ich war auch ein großer Fan der Beatles, etwas mehr als der Rolling Stones. Und schließlich spielte auch die Zeit davor eine Rolle: Elvis, Bill Haley, Little Richard und solche Leute.

Sie sollen als Schüler sogar eine Beatles-Platte besessen haben, für die DDR sehr ungewöhnlich. Gibt es die noch?

Ja, die habe ich noch! Ich habe sie damals von meiner Großmutter geschenkt bekommen, die in Paris lebte und uns besuchte.* Ich kann das natürlich nicht beweisen, deshalb habe ich auch keinen Antrag beim Guinness-Buch der Rekorde gestellt, aber ich glaube, ich war der erste DDR-Bürger, der eine Beatles-Platte hatte. Die waren zu dem Zeitpunkt zumindest bei uns noch gar nicht richtig bekannt. Ich war damals in der neunten Klasse, es muss also 1962

---

* Erna Gysi, die Mutter von Gregors Vater Klaus, war Jüdin und floh 1938 vor den Nazis nach Frankreich.

gewesen sein. Ich war mächtig stolz. Alle wollten die Platte ausleihen, sogar die Musikband meiner Schule. Das habe ich natürlich auch gemacht, aber wenn man so etwas Seltenes besitzt, muss man das natürlich auch ein bisschen ausnutzen. Ich habe mich da schon etwas chefig benommen.

Chefig? Ging es um Geld, ganz kapitalistisch?

Nein, Geld spielte gar keine Rolle. Ich habe gesagt, es geht erst nächste Woche, solche Dinge. Ich habe also ein bisschen wichtigtuerisch herumgehampelt, damit die anderen freundlicher zu mir wurden.

Aber ich wollte Ihnen noch etwas von meinem jüngsten Urlaub erzählen. Plötzlich legte mein Sohn eine Platte mit Filmmusik auf, den Film habe ich längst vergessen. Da waren Lieder drauf wie »Balla balla balla«.

»My Baby, Baby, balla balla« – meinen Sie das?

Ja! Und ich stellte fest, wie plötzlich in mir meine Jugend wieder hochkam. Ich fing sogar an mitzusingen. Mein Sohn meinte, ich hätte eine vollständige Meise. Als ich jung war, spielten noch richtige Kapellen, das ist ja heute etwas sehr Seltenes. Einmal gingen wir tanzen und die Band sang »Balla balla«. Dann fragten sie uns, ob wir es schön gefunden hätten, und wir riefen alle: »Ja!« Darauf die Musiker: »Setzen – und schämen!« Solche Erinnerungen kamen in mir wieder hoch.

Aber im Zusammenhang mit der Beatles-Platte gibt es noch ein Erlebnis, das für mich wirklich wichtig war: Eines Tages wurde ich zum Direktor der Schule bestellt. Der sagte, er müsse mich etwas fragen. Es sei jemand von der Kreisdienststelle des Ministeriums für Staatssicherheit bei ihm gewesen, und es gebe die Behauptung, dass ich der Schulband Tonbänder der Beatles zur Verfügung gestellt hätte, damit die lernen, das zu spielen. Ob das stimme? Das war für mich sehr interessant. Und bitter enttäuschend. Denn bis dahin dachte ich, die Staatssicherheit kümmert sich um Spione, die liegen hinter Büschen und versuchen, Agenten zu fassen. Dass sie sich mit so einem Mist befassen, hat mich sehr unangenehm überrascht.

Das Zweite war, dass sie in der Sache auch noch falsch informiert waren. Ich besaß kein Tonbandgerät und auch keine Tonbänder. Und da kam schon der Anwalt in mir hoch: Ich habe nämlich absolut exakt geantwortet und gesagt: »Das kann überhaupt nicht sein, ich besitze kein Tonband.«

Und der Direktor sagte: »Dann ist es ja gut.«

Und entließ mich wieder. Ich hatte natürlich die Schallplatte der Band geliehen, aber er hatte mich nun mal nach Tonbändern gefragt. Mein Vater hat dann versucht, mir die Sache irgendwie zu erklären. Ich erinnere mich nicht mehr genau, was er gesagt hat. Er wird versucht haben, etwas Beschwichtigendes zu finden.

Woran ich mich aber erinnere, das ist ein anderes Gespräch mit meinem Vater. Das war noch viel früher, in der ersten Klasse. Ich habe mich nur ein einziges Mal in meinem ganzen Leben geprügelt, wirklich nur ein einziges Mal, und das war mit einem Jungen aus der Klasse. Er behauptete, dass die Russen am Ende des Zweiten Weltkriegs Frauen vergewaltigt hätten, und ich sagte: »Nein, das kann nicht sein.« Wir wussten beide nicht, was Vergewaltigung ist, nur, dass es etwas Negatives sein muss. Ich habe meinen Vater dann abends gefragt, und er hat mir erklärt, was das ist. Das habe ich so in etwa verstanden.

Dann sagte er: »Das mit den Russen stimmt so im Prinzip nicht, aber ...« Und dann kam ein so langes Aber, dass mir klar war, dass es doch stimmte. So habe ich Dialektik gelernt.

»Politik kann nicht immer nur ernsthaft sein«

Dialektik ist ein originelles Wort dafür. Aber lassen Sie uns, bevor wir die Vergangenheit wieder aufnehmen, in die Zukunft schauen: November 2039, wir feiern den 50. Jahrestag des Mauerfalls. Gregor Gysi sitzt 91-jährig auf der Bundestagstribüne …

Wieso das denn – da bin ich doch Alterspräsident! *(Lacht)*

… auch gut. Und Altbundespräsidentin Angela Merkel hält die Rede. Wenn Sie sich etwas wünschen dürften: Was soll sie über Sie sagen? Darüber, was in der Geschichte von Ihnen geblieben ist, wie Sie Deutschland verändert haben?

Ich glaube, dass man bei diesem Jahrestag gar nichts über mich sagen wird. Ich bin mir auch nicht ganz sicher, ob ich dann noch lebe. Zu sagen, was man selbst bewirkt hat, ist schwierig, weil man sich selbst nicht einschätzen und schon gar nicht loben, aber sich auch nicht zu klein machen soll. Eigentlich überlasse ich das lieber anderen.

Aber wenn Sie es so wollen: Ich glaube, ich habe an einigen Dingen mitgewirkt. Das eine ist mein Anteil an der Überführung der Eliten – der künstlerischen, wissenschaftlichen, technischen, medizinischen, pädagogischen und anderen Eliten – aus der DDR in die Bundesrepublik Deutschland. Es gab keine andere Partei, die sich dieser Aufgabe stellte. Übrigens zunächst auch kein Medium. Das war äußerst schwierig, und ich glaube, dass es einigermaßen gelungen ist.

Das Zweite ist ein Anteil daran, Deutschland europäisch normalisiert zu haben. In der alten Bundesrepublik Deutschland war eine Partei links von der Sozialdemokratie im Bundestag völlig undenkbar. So etwas gehörte überhaupt nicht zum akzeptierten politischen Spektrum, während es in Ländern wie Italien, Frankreich oder Spa-

Politik braucht Unterhaltungsmomente – Gregor Gysi beim politischen Aschermittwoch der PDS in Magdeburg, Februar 1998.

nien völlig üblich war. Selbst die Grünen mussten lange Wege gehen. Ich glaube, dass meine Partei heute in der Gesellschaft als zum demokratischen Spektrum dazugehörig akzeptiert ist. Das heißt nicht, dass sie von den meisten gewählt wird, sondern dass die meisten sagen: Es ist okay, dass es auch diese Partei gibt.

Das Dritte, das mir wohl ganz gut gelungen ist: Meiner Partei den Wert des Grundgesetzes, den Wert der Rechtsstaatlichkeit und der Demokratie beizubringen. Heute bin ich relativ sicher, dass sie das auch in Zukunft hüten wird. Das ist mir natürlich nicht alleine gelungen, da brauchte ich auch die Hilfe von außen. Aber ich glaube, dass ich dazu einen Beitrag geleistet habe. Es zweifelt ja heute keiner mehr daran, dass die Linke auf dem Boden des Grundgesetzes steht. Früher, in der alten Bundesrepublik, erschien das bei linken Gruppen immer sehr, sehr fraglich.

Vielleicht noch eine Sache: dass ich ein bisschen einen anderen Stil in die Politik gebracht habe. Es kann nicht immer nur ernsthaft sein. Ich brauche auch Unterhaltungsmomente. In Deutschland ist die Ansicht verbreitet, dass nur derjenige seriös ist, der kotzlangweilig ist. Ich glaube, dass ich diese Ansicht ein bisschen widerlegen konnte. Ich habe schließlich sehr seriöse Dinge gesagt und getan, bei aller Unterhaltung. Und ich habe zugleich versucht, etwas Humor einzubringen. Es gibt zwar nicht so wenige in der Politik, die ironisch sein können. Aber Selbstironie ist eine Rarität. Ich mag Selbstironie. Das habe ich übrigens von meinem Vater gelernt.

Sie haben gesagt, Sie seien »relativ sicher«, dass der Schatz der Rechtsstaatlichkeit in der Partei weiter gehütet wird. Warum nur »relativ«?

Ich weiß nicht, welche Entwicklungen es bis 2039 geben wird. Was weiß ich, wer bis dahin in die Partei eintritt, da muss ich ein kleines Fragezeichen machen. Ich bin, zumindest was die östlichen Landesverbände betrifft, völlig sicher. Aber auch bei den meisten westlichen Landesverbänden. Ich bin ja in der Partei das lebende Beispiel für den Wert des Rechtsstaats: Ich habe Prozesse geführt und gewonnen, obwohl der Mainstream der Gesellschaft gar nicht wollte, dass ich gewinne. Da konnten die Genossinnen und Genossen sehen, was Rechtsstaatlichkeit bedeutet – in der DDR wäre das anders ausgegangen. Das hat die Partei, glaube ich, schon begriffen und verinnerlicht. Als ich in meiner Abschiedsrede als Fraktionsvorsitzender auf dem Parteitag im Juni 2015 sagte, dass sie die Rechtsstaatlichkeit hüten müsse, gab es erstaunlich großen Beifall. Als ob es einem Bedürfnis der Partei entsprach, dass das einmal so gesagt wird.

Schließlich – dann höre ich auch auf, mich zu würdigen – glaube ich, dass ich einen Anteil daran habe, dass man wenigstens darüber nachdenkt, was eigentlich ein demokratischer Sozialismus sein könnte.

Triumph und Enttäuschung

Können Sie sich an Situationen erinnern, von denen Sie sagen würden, das war ein echter Moment des Triumphes?

Ja, die gibt es natürlich. Das sind manchmal kleinere und manchmal größere Dinge. Zum Beispiel als wir 1998 das erste Mal die Fünf-Prozent-Hürde überschritten haben, wenn auch knapp. Das hatte uns so gut wie keiner zugetraut. Es war ja das Jahr, in dem die SPD mit Oskar Lafontaine und Gerhard Schröder an der Spitze mehr als 40 Prozent der Stimmen bekam, weil man wirklich einen Wechsel von Helmut Kohl hin zu Schröder wollte. In dieser Zeit die PDS, die sie ja damals noch war, über fünf Prozent zu bekommen, das war ein schönes Erlebnis.

Eine tolle Sache war es auch, als ich es 1994 geschafft habe, drei fantastische ältere Herren dafür zu gewinnen, dass sie bei uns für den Bundestag kandidieren: Stefan Heym, Gerhard Zwerenz und Heinrich Graf Einsiedel.* Was glauben Sie, was mich das für Kraft gekostet hat, mit den dreien so zu diskutieren. Sie zögerten natürlich, das Angebot entsprach ja nicht ihrer Laufbahn. Zum Beispiel

---

* Der Schriftsteller Stefan Heym (1913–2001) war in der DDR wegen seiner Kritik an der SED mit Veröffentlichungsverboten belegt, aus dem Schriftstellerverband ausgeschlossen und wegen angeblich illegaler Veröffentlichungen in westlichen Verlagen verurteilt worden.
Der Schriftsteller Gerhard Zwerenz (1925–2015) siedelte schon 1957 nach seinem Ausschluss aus der SED in den Westen über. Er wurde zu einem der bekanntesten linken Autoren der Bundesrepublik.
Heinrich Graf von Einsiedel (1921–2007) war im Zweiten Weltkrieg Jagdflieger. In sowjetischer Kriegsgefangenschaft schloss er sich antifaschistischen Gruppen an. Nach seiner Entlassung 1947 wurde er in der DDR Journalist, ging aber 1948 in den Westen, wo er als Übersetzer, Drehbuchautor und Essayist arbeitete. Von 1957 bis 1992 gehörte Einsiedel der SPD an. Alle drei zogen 1994 in den Bundestag ein. Heym gewann das Direktmandat in Berlin Mitte/Prenzlauer Berg, die beiden anderen bekamen ihre Mandate über die offenen Landeslisten der PDS.

Stefan Heym: Die SED-Spitze und der Staatsapparat hatten sich wirklich knallhart mit ihm auseinandergesetzt. Nun sollte er, wenn man so will, für die Nachfolgepartei kandidieren, das ist nun auch keine Selbstverständlichkeit. Er war ja nie Mitglied einer Partei. Ich habe einige lange Gespräche mit ihm geführt, dann war er zur Kandidatur als Parteiloser bereit. Er hat, wie ich finde, eine tolle Rede zur Eröffnung des Bundestages als Alterspräsident gehalten.

Und noch etwas: Am 5. Dezember 2014 saß ich im Landtag von Thüringen, als im zweiten Wahlgang Bodo Ramelow zum Ministerpräsidenten gewählt wurde. Das war für mich wirklich ein großer Moment, weil es in der Geschichte der Bundesrepublik Deutschland bis dahin noch niemals einen Ministerpräsidenten gegeben hatte, der links von der Sozialdemokratie organisiert war.

Sie waren kurz vor der Wahl Ramelows zu Besuch bei der *Frankfurter Rundschau* und haben Unsicherheit bekundet, ob Sie im Thüringer Landtag dabei sein sollten. Warum?

Ich habe mir überlegt, was passiert, wenn er nicht gewählt wird; Rot-Rot-Grün hat ja nur eine Stimme Mehrheit. Dann gehen natürlich alle Kameras auf ihn und auf mich und zeigen zwei begossene Pudel. Deshalb habe ich gezögert. Außerdem: Ich bin nicht wirklich abergläubisch, aber so ein bisschen schon. Ich glaube, man kann Dinge provozieren, indem man anwesend ist. Auch eine Niederlage.

Warum nicht auch im Fall der Niederlage neben ihm stehen?

Richtig, genau die Überlegung war es auch, die bei mir gesiegt hat. Ich habe zu Bodo gesagt: »Weißt du was, wenn nicht, dann eben nicht. Dann gehen wir hinterher kräftig einen kippen. Sollen sie mich eben vorher filmen, das ist mir dann auch egal.«

Ich saß also dort und sah nach der Auszählung des ersten Wahlgangs, wie eine junge Abgeordnete unserer Fraktion zu ihrem Platz zurückging. Ich wusste sofort, dass es nicht geklappt hatte. Der Landtagspräsident von der CDU, Christian Carius, hat hingegen folgende Eigenschaft: Er verzieht das Gesicht überhaupt nicht. Man konnte nicht daraus lesen, wie es ausgegangen war. Und dann sagte er: »Nicht gewählt, zweiter Wahlgang.«

Aber als der ausgezählt war, sah ich, wie unsere Abgeordnete freudestrahlend zu ihrem Platz ging. Da wusste ich, Bodo ist gewählt. Aber wiederum habe ich es dem Landtagspräsidenten nicht angesehen.

So viel zu den Triumphen. Wie ist es mit den Momenten der Niederlage oder der Enttäuschung, vielleicht Resignation? Auch das wird es gegeben haben.

Auf dem außerordentlichen Parteitag in Ost-Berlin am 8. Dezember 1989 wählt die SED Gregor Gysi zum neuen Vorsitzenden.

Ja, das alles hat es gegeben, noch mehr als Triumphe. Die erste Enttäuschung gab es gleich Anfang 1990. Ich war Ende 1989 zum Parteivorsitzenden der SED gewählt worden, die sich eine Woche danach erst in SED-PDS und sechs Wochen später in PDS umbenannte, Partei des Demokratischen Sozialismus. Zunächst wurde ich in den Medien, bis hin zur *FAZ*, noch als eine Art Reformer angesehen. Aber dann meinte man plötzlich, diese Partei und diesen Mann überhaupt nicht mehr zu benötigen. Die Signale aus Moskau sprachen dafür, dass man die Vereinigung sowieso in der Tasche hatte, und daraufhin gab der *Spiegel* den Startschuss, mich anders zu behandeln. Er veröffentlichte Anfang Januar 1990 eine lange Titelgeschichte unter der Überschrift »Der Drahtzieher«. Es gab, wie ich heute weiß, in der Redaktion eine Debatte über die gelbe Schrift, das war immerhin die traditionelle Farbe der Judendiskriminierung, bis hin zum Judenstern. Doch die Leitung hat sich durchgesetzt – die Farbe blieb.

Sie müssen den Artikel mal lesen, da sind alle entsprechenden Vorurteile drin: Ich wollte an die Parteikasse und so weiter, das war schon ziemlich abenteuerlich. Dieser Artikel ist zum Beispiel in Leipzig hunderttausendmal bei Demonstrationen verteilt worden. Und dann kam dieser Spruch auf: »Lügen haben kurze Beine, Gysi zeig uns doch mal deine.« Ich erlebte einen Hass, wie ich ihn mir bis dahin gar nicht vorstellen konnte. Natürlich konnten mich in der DDR gelegentlich Staatsanwälte mal nicht leiden, wie es sich gehört, aber dass ich so gehasst wurde, war mir fremd und störte mich logischerweise.

Auf der anderen Seite gab es eine tiefe Zuneigung, fast schon ein Anbeten, was noch schlimmer war. Es existierten Hoffnungen in Bezug auf Hans Modrow, den letzten DDR-Ministerpräsidenten von unserer Partei, und in Bezug auf mich. Mir war aber klar, dass wir das nicht leisten können. Wir mussten bitter enttäuschen, wir sind ja keine Götter, keine Zauberer! Und zusätzlich hatten wir immer noch eine besondere Verantwortung für die Stabilität im Land, das darf man nicht unterschätzen: Es durfte kein Schuss fallen. Das heißt, wir mussten auch auf die »bewaffneten Organe« der DDR, wie sie so schön hießen, einwirken, damit da keiner durchdreht.

Und dann hatte ich auch noch Verantwortung für die Partei, die schwer zu reformieren war. Sie war bis zur ersten freien Volkskammerwahl im März 1990 ja immer noch die Hauptregierungspartei, genauer gesagt bis zur Wahl von Lothar de Maizière zum Ministerpräsidenten im April 1990. Da gab es schon besondere Herausforderungen. So gründeten Offiziere der Staatssicherheit und der Nationalen Volksarmee Landesverbände der rechten »Republikaner«. In Sachsen und in Mecklenburg-Vorpommern, wenn ich mich recht entsinne. Wir mussten reagieren, und ich habe gesagt: »Wir stehen vor folgender Alternative: Wir können versuchen, eine moderne linke Partei zu werden, ohne jede kleinbürgerliche Kultur und Struktur. Dann können wir für diese Leute nichts tun. Das halte ich für ziemlich gefährlich. Oder wir kümmern uns um sie, dann bekommen wir aber auch eine kleinbürgerliche Kultur und Struktur. Selbst wenn wir sie nicht wollen, kriegen wir sie.«

Ich habe dafür plädiert, den zweiten Weg – nicht überzogen, aber angemessen – zu gehen, weil wir auch für diese Leute zuständig sein mussten. Es musste eine Partei geben, an die sie sich wenden konnten und bei der sie Antworten bekamen.

Dann verließ uns auch noch der frühere Dresdner Oberbürgermeister Wolfgang Berghofer, mein Stellvertreter im Parteivorsitz und ein prominenter SED-Reformer. Es kam also einiges zusammen.

Anfang Januar 1990 führten die Minister in der Modrow-Regierung, die meiner Partei angehörten, mit mir eine Aussprache. Am Ende blieb von mir nichts übrig, derart haben sie mich fertiggemacht. Als ich da herauskam, dachte ich: »Warum tue ich mir das alles eigentlich an?« Aber ich wollte doch ganz gern länger bleiben als Egon Krenz, der letzte SED-Generalsekretär während der Wende. Er blieb nur sechs Wochen.

Bei mir entsteht in solchen Situationen innerlich ein Gegendruck: Ich gehe, wenn ich nicht gehen muss. Und ich gehe nicht, wenn der Druck zu gehen sehr groß ist. Da werde ich preußisch-störrisch, ich leide zwar, aber ich bleibe.

Ich glaube, das war die größte Anforderungssituation in meinem Leben. Extrem schwierig. Ich hatte ja auch noch Gespräche zu führen, zum Beispiel mit Michail Gorbatschow. Dabei habe ich wahrscheinlich auch Fehler gemacht. Ich hätte ihn vielleicht noch einmal im Juni 1990 sprechen sollen, kurz vor Inkrafttreten der deutsch-deutschen Währungsunion, um bestimmte Fragen der deutschen Vereinigung mit ihm zu besprechen. Aber darum habe ich mich nicht bemüht. Darüber muss ich noch nachdenken.

Anfang 1992 kam dann der Vorwurf, dass ich mit der Stasi zusammengearbeitet hätte. Das war natürlich für mich ein schwerer Schlag – schon weil es nicht stimmt.

Und nicht weniger schwerwiegend war, dass mir immer wieder unterstellt worden ist, ich hätte Parteivermögen beiseitegeschafft. Inzwischen hat sich das gegeben, jeder kann meine Konten einsehen und alle Geheimdienste haben das erforscht. Ich habe mit dem SED-Vermögen nichts zu tun. Im Jahr 1990 gab es ein Ermittlungsverfahren gegen Finanzfunktionäre der Partei, die versucht haben, etwa hundert Millionen D-Mark für die Partei zu sichern. In den Zeitungen stand immer, dass ich etwas damit zu tun hätte. Und dann – aber erst nach der Bundestagswahl vom 2. Dezember 1990! – sagte die Sprecherin der Staatsanwaltschaft: »Herr Gysi hatte damit nie etwas zu tun.«

Man gewöhnt sich daran, lernt, damit umzugehen, aber es war schon eine harte Zeit. Als ich im Bundestag noch zutiefst abgelehnt wurde, gab es von den anderen Fraktionen mir gegenüber drei verschiedene Verhaltensweisen: Es gab die, die mich zutiefst ablehnten, und zwar nicht nur drinnen, sondern genauso draußen. Dann gab es die, die mich drinnen zutiefst ablehnten und draußen sagten »Wir können natürlich offen reden« und Ähnliches. Die mochte ich übrigens am wenigsten. Und dann gab es diejenigen, die draußen mit mir redeten und das drinnen auch nie geleugnet hätten. Das war die kleinste, aber mir die angenehmste Gruppe.

In der CDU konnte ich zum Beispiel mit dem damaligen Kanzleramtschef Friedrich Bohl regelmäßig reden. Auch Norbert Blüm war eher offen. Aber einer wie Alfred Dregger, der Parteirechte in der CDU, wollte mit mir gar nichts zu tun haben.

In der SPD hatte etwa der spätere EU-Kommissar Günter Verheugen, der damals im Bundestag saß, keine Schwierigkeiten mit mir. Egon Bahr schon gar nicht. Aber insgesamt war es bei den Sozialdemokraten unterschiedlich. Die hatten immer Angst, dass ihnen etwas unterstellt würde, wenn sie mit mir redeten. Die SPD ist ja komischerweise eine vornehmlich ängstliche Partei. Viel ängstlicher als die Union oder die FDP. Die Sozialdemokraten haben eben eine lange Geschichte, die sie prägt. Nie wieder wollten sie vaterlandslose Gesellen sein, sie fürchten eine Nähe zu irgendwelchen – auch ehemaligen – Kommunisten. Und dennoch gab es Leute, die offen mit mir sprachen. Was aber die anderen betrifft, hatte ich eines beschlossen: Ich hasse einfach nicht zurück. Das war und ist meine Stärke.

Sie sagen, man lernt damit umzugehen. Aber es müssen doch Narben vorhanden sein. Worunter leiden Sie bis heute?

Das kann ich nicht sagen. Ich bin kein Psychologe, nicht in psychologischer Behandlung und will mich auch nicht in eine solche begeben. Ich möchte mich nicht allzu sehr selbst analysieren. Ich kenne Leute, die das gerne machen und Beziehungen zu jedem eigenen

Zeh entwickeln. Der Typ bin ich nicht, der will ich auch gar nicht sein.

Aber ich kann Ihnen zwei Geschichten zum Hass und zum Umgang damit erzählen: Erich Honecker war im März 1991 über Umwege nach Moskau gelangt. Damals hielt ich eine Rede im Bundestag, und ständig rief jemand dazwischen, ich solle doch erstmal dafür sorgen, dass Honecker nach Moabit ins Gefängnis komme. Nach dem dritten oder vierten Mal langte mir das, und ich sagte: »Meine Herren hier in der ersten Reihe, Sie kennen ja alle Erich Honecker persönlich, ich bin ihm ja nie begegnet. Wie ist der eigentlich so?«

Da war was los. Und meine PDS-Gruppe im Bundestag – wir hatten noch keine Fraktion – hat das aufgebaut. Es stimmt, ich bin ihm nie in meinem Leben begegnet, aber Oskar Lafontaine und Hans-Jochen Vogel von der SPD kannten ihn, Helmut Kohl und Wolfgang Schäuble kannten ihn, Otto Graf Lambsdorff von der FDP kannte ihn, sie kannten ihn alle. Nur ich nicht!

Die zweite Geschichte: Als 1992 unser Abgeordneter Professor Gerhard Riege wegen seit Jahrzehnten beendeter, lächerlicher Stasi-Kontakte Selbstmord beging, bekam ich in seiner Stadt keinen Saal, um die Trauerfeier durchzuführen. Schließlich war es die evangelische Kirche, die mir einen Raum gegeben hat. Übrigens kam ja auch Honecker in der Schlussphase der DDR bei einem evangelischen Pastor unter. Das darf man nicht vergessen. Ich sage meinen Leuten immer: »Das sind gelebte Werte!« Ich bin nicht religiös, aber ich kenne den Wert von Kirchen. Deshalb werde ich nie antikirchlich sein, auch wenn ich zum Beispiel die Sexualethik der katholischen Kirche für absurd halte.

Nach dem Selbstmord hat sich das Verhalten der Union uns gegenüber im Bundestag übrigens ein bisschen verändert. Ich nehme an, Wolfgang Schäuble, der damals Fraktionsvorsitzender war, hat seinen Leuten in der Union gesagt, dass sie es nicht überziehen sollen. Auf jeden Fall wurde der Ton uns gegenüber plötzlich eine Idee gemäßigter. Aber muss es immer erst einen Todesfall geben?

Ich höre einen gewissen Stolz auf Ihre Schlagfertigkeit heraus.

Es ist nicht die Schlagfertigkeit, sondern die unterschiedliche Art zu reagieren. Alle anderen hätten auf die Honecker-Zwischenrufe vielleicht geantwortet: »Wie soll ich denn das machen, ich habe doch gar keinen Einfluss darauf!« Ich reagiere anders und stelle die Zwischenrufer damit etwas bloß. Und ich sage gleichzeitig etwas über mich: Die Leute konnten ja nicht wissen, dass ich nie in meinem Leben Honecker begegnet bin, wohl aber die anderen. Das ist mir wichtig. Und es gefällt mir auch, dass die anderen sich dann ärgern.

Vor allem aber ist es meine Art, mit Ablehnung umzugehen. Ich sagte ja – ich will nicht zurückhassen. Ich will, soweit es geht, sogar versuchen, mit Humor zu reagieren. Das, was ich im Bundestag gemacht habe, war ja auch eine Art von Humor. Aber das geht natürlich nicht immer.

Ich habe zu meinem Abschied vom Fraktionsvorsitz auf dem Parteitag im Juni 2015 selbstkritisch gesagt – was übrigens auch nicht üblich ist in der Politik –, dass ich mich zu wichtig genommen habe. Ich habe viel zu selten Nein gesagt, wenn Anfragen kamen, und ich habe dadurch viel zu wenig Zeit für meine Angehörigen gehabt und Freundschaften vernachlässigt. Jetzt stelle ich fest: Wenn man eine Freundschaft lange Zeit nicht gepflegt hat, lässt sich das nicht so leicht reparieren. Es genügt nicht, dass man dann zweimal anruft. Man trifft sich natürlich, aber es ist viel verlorengegangen, das sich nicht so leicht wieder aufbauen lässt. Ich glaube, in der ersten Reihe der Politik begehen viele denselben Fehler. Aber ich werde sie davor nicht bewahren können. Das tut weh: Freundschaften, die ich hatte und von denen ich nun merke, das funktioniert nicht mehr so richtig, und es liegt ausschließlich an mir.

Gorbatschow, Castro und die Obdachlose am Alex

Sie haben den Namen Gorbatschow erwähnt. Mich würden auch andere Begegnungen mit Personen der Zeitgeschichte interessieren.

Gorbatschow war eine imponierende Persönlichkeit. Als ich ihn am 1. Februar 1990 traf, war er allerdings sehr nervös. Seine Augen bewegten sich hektisch, wenn er etwas erzählte, und ich merkte, dass er sporadisch entscheidet, weniger strategisch. Gorbatschow erzählte mir, er wolle am nächsten Tag dem Plenum des Zentralkomitees der Kommunistischen Partei vorschlagen, dass die Sowjetunion einen Präsidenten wählt, und er wolle selbst für das Amt kandidieren.

Ich stellte ihm die Frage: »Und über welchen Apparat verfügt der Präsident, um Dinge durchzusetzen?«

Er antwortete nur: »Budjet, budjet.«, das heißt: »Es wird, es wird.«

Da wusste ich: Er hat keinen Apparat. Mit dem Parteiapparat geht es nicht, die Regierung wird nicht machen, was er will – und dann gibt es einen Präsidenten, der kein Instrument besitzt, um etwas durchzusetzen. Trotzdem war es natürlich für mich eine große Begegnung mit ihm.

Am Telefon hatte ich das erste Mal Mitte Dezember 1989 mit ihm gesprochen. Da sagte er: »Wenn du die SED aufgibst, gibst du die DDR auf. Wenn du die DDR aufgibst, gibst du die Sowjetunion auf.«

Ist das der Hauptgrund, aus dem Sie die Partei nicht aufgelöst haben?

Das war auch einer, aber wissen Sie, was ich Gorbatschow geantwortet habe? Ich sagte: »Also höre mal, mir reicht schon mein Verein auf meinen Schultern. Du kannst nicht noch bei einem kleinen Advokaten die ganze Sowjetunion mit draufpacken.«
Da musste er doch mal einen Moment lachen, weil er an sich ja ein humorvoller Mensch ist. Allerdings war er in einem so sagenhaften Stress, man kann sich das gar nicht vorstellen. Er hat Stärken, aber ich sage Ihnen auch, was seine Schwäche ist. Er hat einen Fehler begangen: Er hat politische Reformen vorgehabt, aber es ist ihm nichts für die Wirtschaft eingefallen. Die Chinesen machen es umgekehrt – immer erst die Wirtschaftsreformen, und dann kommt die Politik. Es ist schon interessant, dass sie – aus ihrer Sicht – erfolgreicher sind, weil sich die Wirtschaft entwickelt. Allerdings warten wir in der Politik noch heute.
Gorbatschow hatte eine weitere Schwäche: Er meinte, die Dinge müssten immer so kommen, wie er sie geplant hat, beziehungsweise umgekehrt: Die Dinge seien so gekommen, weil er sie so geplant hat. Das ist natürlich auch eine Frage der Eitelkeit. Er sagte, dass er schon ab 1987 an die deutsche Einheit gedacht hätte. Ich glaube ihm da kein Wort. Ich denke, dass er das so erzählte, um zu sagen: »Seht Ihr, es ist so gekommen, wie ich es mir vorgestellt habe.« Denn der Satz, den er mir im Dezember 1989 zur Rettung der DDR gesagt hatte, klang völlig gegenteilig. Allerdings war er am 1. Februar 1990, als ich bei ihm war, schon wieder anderer Auffassung, was die deutsche Einheit betrifft. Ich habe also erlebt, wie schnelllebig diese Zeit war.

Hat Gorbatschow Sie damals nicht hinters Licht geführt, weil er eigentlich mit der Bundesrepublik schon weiter war, was die Einheit betrifft, als er das Ihnen gegenüber zugegeben hat?

Im Dezember 1989 war er, glaube ich, noch nicht so weit. Erst im Januar. Und das wiederum wusste ich im Februar, denn er hatte mit Modrow, der vor mir dort war, schon über Deutschland einig Vaterland gesprochen. Dann ging es eigentlich eher nur noch um die Bedingungen.

Der nächste Mann, der mir imponiert hat, war François Mitterrand, der damalige französische Staatspräsident. Wir hatten Ende 1989, als er die DDR besuchte, ein Gespräch, in dem er zu mir sagte, überall kämen jetzt junge Leute an die Parteispitze, so wie ich. Heute glaubt man das gar nicht mehr, aber damals war ich 41, aus seiner Sicht also relativ jung – er war 73.

Und weiter sagte er: »Ihr müsst aufpassen. Ihr dürft in Europa nicht zu viel kaputt machen. Ich habe keine Angst, dass eine Situation wie vor dem Zweiten Weltkrieg entsteht. Ich habe Angst, dass eine Situation wie vor dem Ersten Weltkrieg entsteht.« Ich finde, da ist ein bisschen was dran, bis heute. Er hat mich also ermahnt, das Projekt Europa nicht zu gefährden.

Ein drittes, sehr spannendes Erlebnis war die Begegnung mit Fidel Castro. Der ist ja viel länger, als man denkt, ich glaube, ich ging ihm bis zum Bauchnabel. Das muss ein eher komisches Foto sein. Das war 1992, als Kuba in einer tiefen Krise steckte. Castro ist in einer Hinsicht ein bisschen so wie ich: Von zwei Stunden Gesprächszeit redet er anderthalb Stunden und der Rest der Beteiligten maximal eine halbe Stunde. Bei dem Gespräch zwischen uns war es umgekehrt. Nicht, weil ich so frech das Wort ergriffen hätte, sondern weil er mich fragte, woran die DDR gescheitert sei. Das sollte ich ihm erklären. Er sagte mir, er sei sich immer sicher gewesen, dass Rumänien scheiterte, aber bei der DDR verstünde er das nicht. Ihm war natürlich ein falsches Bild von der DDR präsentiert worden. Und während ich redete, sagte er immer zu den anderen Kubanern: »Da, hört zu!«

Ich habe also versucht, ihm das Scheitern zu erklären. Ich sagte zum Beispiel ganz offen: »Die Diktatur hat zunächst den Vorteil, dass man sehr schnell Veränderungen herbeiführen kann, wofür eine Demokratie viel länger Zeit braucht.« Man komme an die Macht, man könne eine Bildungsreform machen, eine Gesundheitsreform – das alles habe Kuba ja auch gemacht. Das Problem sei nur, das sagte ich auch: Dadurch, dass es nie einen demokratischen Wechsel gibt, gibt es irgendwann keine neuen Ideen mehr. Man lässt sie ja weder von außen noch von unten zu. Die Führungsriege entfernt sich auf diese Weise immer stärker von der Bevölkerung, weil sie die junge Generation, die völlig anders denkt und lebt, nicht mehr versteht. Was die DDR zum Beispiel mit der FDJ oder den Pionieren gemacht hat, das hatte in meiner Kindheit und meiner Jugend noch Sinn. Aber bei meinem Sohn war das schon völlig daneben, die Generation war ganz anders gestrickt.

Ich war auf Castros Frage, ehrlich gesagt, gar nicht vorbereitet. Heute frage ich mich: Warum eigentlich nicht? Damit hätte ich doch rechnen müssen. Jedenfalls habe ich dann über das Problem mit zwei verschiedenen Währungen gesprochen. Wenn du einerseits eine eigene Binnenwährung wie die Mark der DDR hast und gleichzeitig die Deutsche Mark aus der Bundesrepublik eine entscheidende Rolle spielt, dann bringst du dein ganzes soziales System durcheinander: Mit der Deutschen Mark kannst du Dinge kaufen, die du für die Mark der DDR gar nicht bekommst, und das führt dazu, dass die Anreize nicht mehr stimmen. Nehmen wir zwei Arbeiter: Der eine ist sehr fleißig und bekommt dafür eine Prämie von 100 Mark der DDR. Der andere ist überhaupt nicht fleißig, bekommt aber von seiner Tante 200 D-Mark – dem geht es dreimal so gut. Erich Honecker hat darüber nie gesprochen. Ich sagte: Wenn man es schon so machen muss, dann muss man es den Leuten auch offen erklären. Man muss sagen, dass man weiß, wie ungerecht es ist, dass es aber aus diesen und jenen Gründen erforderlich sei.

Über solche Dinge habe ich mit Castro geredet, Kuba hatte mit dem Peso und den Dollars der Auslandskubaner schließlich ähnliche Probleme. Und wissen Sie, was die Wirkung war? Er hat danach in jeder Rede über die Devisen gesprochen und gesagt, wie ungerecht das ist, aber …

Sehr bedeutend war für mich auch das Gespräch mit Nelson Mandela, ich war 1992 als PDS-Vorsitzender zusammen mit meinem Stellvertreter André Brie bei ihm. Diese Größe, diese Toleranz! Er hörte zu, er war freundlich und klug. Und: Da war nichts von Leiden! Mandela war damals noch nicht Präsident Südafrikas, aber er führte schon seine Partei, den ANC, und bereitete sich auf die Präsidentschaft vor. Nach über zwanzig Jahren Haft, ich wäre ja so etwas von frustriert gewesen! Nichts davon war bei ihm zu spüren, das hat mir sehr imponiert. Ich weiß gar nicht mehr, was er gesagt hat, aber die Atmosphäre hat mich tief beeindruckt.

Mich beeindrucken nicht nur große Persönlichkeiten, sondern beispielsweise auch Gespräche mit Obdachlosen. Mich interessiert, wie Menschen in so eine Situation kommen und wie sie lernen, damit umzugehen. Am Alexanderplatz habe ich einmal eine obdachlose Frau getroffen, die wartete dort auf ihren Freund. Ich weiß nicht, seit wie vielen Jahren. Um sich herum hatte sie zehn, fünfzehn Säcke. Sie konnte noch nicht einmal im Winter ins Notnachtquartier gehen, weil sie die Säcke nicht transportieren konnte.

Ich fragte sie also: »Was haben Sie denn in den Säcken?«

Sie sagt: »Ganz überwiegend Müll.«

Ich: »Und wozu?«

Sie: »Sehen Sie, da drüben ist eine City-Toilette, und wenn ich das Geld habe, gehe ich dorthin und kann mich duschen. Ich habe hier einen Sack mit Lebensmitteln, da ist auch ein bisschen Alkohol drin, und der würde mir gestohlen werden, wenn ich weg bin. Aber durch die Müllsäcke ist es so: Wenn ein Dieb kommt – bis der bei meiner Lebensmitteltüte angelangt ist, habe ich die Chance, wieder zurück zu sein.«

Der Müll als Diebstahlschutz.

Ja. Mich erschreckt so etwas, aber mir imponiert es auch. Ich könnte das nie. Ich habe immer Respekt vor Haltungen und Verhaltensweisen, von denen ich sage, das könnte ich so nicht. Wenn Sie so wollen: Respekt vor der Obdachlosen und auf ganz andere Art vor Menschen wie Nelson Mandela. Weil sie beide etwas können, das ich nicht kann.

Waren Sie auf die obdachlose Frau zugegangen?

Ja. Ich war nachts unterwegs, um Obdachlose in Berlin zu besuchen. Ich habe mir auch das Notquartier angesehen, und ich will Ihnen etwas erzählen, das mich verstört hat. Das ist eine evangelische Einrichtung und sie nutzen eine Jugendherberge, die im Winter nicht besetzt ist. Die Leiterin erklärte mir, dass dafür alle Betten herausgetragen und Matten ausgelegt werden. Ich fragte, warum sie nicht die Betten nehmen.

Die Antwort: »Es ist ja eine Notunterkunft, da soll es nicht bequem sein.«

Muss ich dieser Logik folgen? Wahrscheinlich steckt so ein bisschen die Überlegung dahinter: Wenn man es ihnen nicht zu bequem macht, dann denken sie nochmal darüber nach, ob sie nicht doch einen anderen Weg suchen sollen.

Das ist die Logik der Hartz-IV-Sanktionen.

Ja, und nicht meine.

Bei den Begegnungen haben Sie Willy Brandt nicht erwähnt.

Richtig! Da fällt mir aber zunächst noch ein: Im Januar 1990 haben mich nur drei Politikerinnen und Politiker aus der Bundesrepublik Deutschland oder aus Westberlin besucht. Das waren Antje Vollmer von den Grünen, SPD-Urgestein Egon Bahr und der Berliner Sozialdemokrat Harry Ristock, die beiden Letzteren sind mittlerweile schon gestorben. Bei Harry Ristock hat mir wirklich imponiert, dass er mich 1990 zu seiner Laubenpieperparty nach Westberlin einlud. Die Hälfte der Gäste sagte daraufhin ab. Ich schlug ihm vor: »Mein Gott, das muss doch nicht sein, dann komme ich eben nicht.«

Aber er sagte: »Nein, die Hälfte interessiert mich nicht mehr.« Das war Harry Ristock. Es war ihm ganz wichtig, dieses Signal zu setzen.

Willy Brandt habe ich etwa um dieselbe Zeit in Paris getroffen. Ich hatte ihn schon immer geschätzt und gemocht, schon wegen seiner Stimme, die war ja fantastisch. Ich mochte auch, wenn er seinem bayerischen Gegenspieler Franz Josef Strauß gegenübersaß. Das war schon ein Paar! Als ich noch DDR-Bürger war, habe ich mir die Bundestagsdebatten mit Strauß und Herbert Wehner und Brandt sehr gerne angesehen.

Brandt, der als Präsident der »Sozialistischen Internationale« fungierte, und ich waren beide zu einem Essen beim französischen Ministerpräsidenten eingeladen. Brandt saß natürlich dem Ministerpräsidenten gegenüber und ich irgendwo schräg an der Seite.

Plötzlich lehnt er sich zu mir und sagt *(ahmt die Stimme Brandts nach)*: »Ich habe einen guten Freund. Der hat gestern zu mir gesagt: Die zwei Männer mit den schwierigsten und verantwortlichsten Jobs im gesamten Deutschland, das sind zur Zeit Hans Modrow und Gregor Gysi. Und dann sagte er, die machen das ziemlich verantwortungsvoll.«

Das vergisst man auch nicht!

Ende 1990 war ich bei Wolfgang Schäuble, wegen des Parteiarchivs. Gorbatschow hatte verlangt, dass wir einen ordentlichen Vertrag über den Verbleib des Archivs machen, damit die Bundesrepublik es nicht einfach einkassiert. Den haben wir dann auch gemacht. Es ist der einzige Vertrag zwischen der Bundesrepublik Deutschland, vertreten durch die Bundesregierung oder den Bundeskanzler, wiederum vertreten durch den Bundesminister des Inneren, der Schäuble damals war, und der Partei des Demokratischen Sozialismus, vertreten durch den Vorsitzenden. So einen Vertrag gibt es nicht noch einmal.

Und am Ende sagte Schäuble zu mir: »Herr Gysi, was ich Ihnen noch sagen wollte, Helmut Kohl und ich wissen, dass wir die Tatsache, dass kein einziger Schuss in der DDR gefallen ist, Ihnen und Herrn Modrow verdanken. Ich will nur, dass Sie wissen, dass wir das wissen.«

Da sagte ich: »Wenn ich jetzt rausgehe und da stehen Journalisten, darf ich denen das erzählen?«

Er: »Auf gar keinen Fall.« Also habe ich es auch nicht erzählt.

Später hat er es mir dann aber erlaubt. Das war 2001, als ich an meinem Buch *Ein Blick zurück, ein Schritt nach vorn* arbeitete. Darin habe ich auch von persönlichen Gesprächen mit Helmut Kohl, ihm und noch anderen berichtet. Jede Schilderung über ein solches Gespräch habe ich der jeweils betreffenden Person geschickt und dazugeschrieben: »Sie können das ganz streichen, Sie können es ändern, wie Sie wollen, das ist alles Ihnen überlassen.« Und so, wie sie es geändert haben oder eben nicht, so ist es auch veröffentlicht worden. Das kannten sie nicht. Einige sprachen mich an und sagten: »Ich bin jetzt seit zwanzig Jahren in der Politik, das habe ich noch nie erlebt!« Ich antwortete: »Aber es war ja ein Vier-Augen-Gespräch. So wie ich erwarte, dass Sie das nicht veröffentlichen, was ich sage, haben Sie ein Recht darauf, dass ich es nicht veröffentliche. Und wenn, dann brauche ich Ihre Genehmigung.« Diese Haltung, habe ich festgestellt, war in der politischen Klasse der Bundesrepublik Deutschland bis dahin eher unbekannt.

Können Sie sich erinnern, wer sich da so gewundert hat?

Verheugen zum Beispiel. Interessant ist auch, wer wenig und wer viel geändert hat. Aber das erzähle ich nicht, das hätte etwas Denunziatorisches.

Links, wie geht das? Von Rente bis Asyl: die Partei und der Populismus

»Der Kern ist die soziale Frage«

Kommen wir zu Ihrem Selbstverständnis als linker Politiker, der aus der DDR-Staatspartei kommt. Ich glaube, in der DDR hätten Sie den Begriff »links« überhaupt nicht gebraucht.

Der Begriff spielte schon eine gewisse Rolle, aber eher, wenn es um historische Zusammenhänge ging. Im täglichen Umgang kam die Rechts-Links-Unterscheidung kaum vor – höchstens, dass man mal in Bezug auf die alte Bundesrepublik von »Rechten« sprach.

Der Kern der linken Bewegung war für mich immer die soziale Frage. Historisch geht die Bezeichnung ja auf die Französische Revolution von 1789 zurück. Im ersten Parlament, das danach gewählt wurde, saßen die Revolutionäre links und die Konservativen rechts, so prägten sich dann diese Begriffe ein.

So etwas wie die Linke, also Widerstand gegen Unterdrückung und Ausbeutung, gibt es schon seit den Zeiten der Sklaverei, wenn man so will. Aber in ihrer moderneren Form ist sie entstanden, als der Kapitalismus sehr erfolgreich die Wirtschaft ankurbelte, neue Techniken entwickelte. Es bildete sich eine kleine Schicht von wohlhabenden Kapitalisten heraus und eine breite Schicht von wirklich schwerstgebeutelten Arbeitern, dann auch Arbeiterinnen, die vierzehn Stunden unter zum Teil furchtbaren Bedingungen arbeiten mussten. Nur weil man sie auch für die Reproduktion der Bevölkerung benötigte, bekamen sie das Notwendigste zum Essen und zum Leben. Als Folge daraus entstanden die Gewerkschaften und auch eine linke politische Bewegung. Das ist der Entstehungsgrund der Linken – nicht die ökologische Frage, nicht einmal die Friedensfrage.

Natürlich ist die Friedensfrage wichtig, und inzwischen ist auch die ökologische Nachhaltigkeit als wichtig erkannt geworden, aber ich spreche immer gerne von der sozial-ökologischen Nachhaltigkeit. Wenn ich nämlich ökologische Nachhaltigkeit nicht sozial organisiere, nehme ich einen großen Teil der Bevölkerung nicht mit in die Bewegung. Und wenn ich diese Menschen nicht mitnehme, weil sie in Armut leben oder vor Armut Angst haben, dann bekomme ich keine ökologische Nachhaltigkeit zustande.

Mich hat überzeugt, was der Umweltforscher Ernst Ulrich von Weizsäcker einmal gesagt hat: Es sei ein großer Fehler der Ökologen, sich gegen Wachstum zu stellen. Wachstum ist ein positiver Begriff. Und wenn ich der Bevölkerung sage, ich will kein Wachstum, dann hat die Bevölkerung den Eindruck, dass ich ihr etwas wegnehmen will. Das hört niemand gerne! Dabei wollen sie doch ein Wachstum an Lebensqualität, und das hätten sie auch sagen können: Für dieses qualitative Wachstum muss es uns wert sein, auch mal auf A oder B zu verzichten. Da sieht man übrigens, wie wichtig Kultur und Sprache sind, auch in der Politik.

Ich glaube also, dass die soziale Frage immer der Kern linken Denkens sein muss, auch wenn das Thema der sozial-ökologischen Nachhaltigkeit und natürlich die Friedensfrage immer deutlicher hinzukommen. Und noch etwas: Die Linke muss begreifen, dass Demokratie, Freiheit und Rechtsstaatlichkeit nicht Beiwerk sind, sondern diese Werte müssen ihr Anliegen sein. Und zwar nicht nur dann, wenn sie ohnmächtig ist und den Schutz des Rechtsstaats braucht, sondern auch dann, wenn sie mächtig ist.

Da gibt es immer noch ein Stück Misstrauen gegenüber der Linken. Und weil das so ist, muss sie dafür kämpfen, dieses Misstrauen abzubauen.

»Der Demokratie fehlen Demokraten«

Gibt es dieses Misstrauen noch zu Recht?

Ich würde sagen: In Bezug auf die große Mehrheit der Mitglieder meiner Partei nicht. Aber es gibt schon einige, von denen möchte ich auch nicht absolutistisch regiert werden *(lacht)*. Aber die gibt es wahrscheinlich in jeder Partei. Vor vielen Jahren hat einmal ein britischer Journalist etwas sehr Kluges gesagt. Er sagte, die Bundesrepublik Deutschland sei eine erstaunlich gut funktionierende Demokratie, und das, obwohl es so wenig Demokraten gebe. Da ist etwas dran. Eine wirklich tief demokratische Grundeinstellung gibt es zwar bei Mitgliedern aller Fraktionen im Bundestag. Aber ob es die Mehrheit ist, da habe ich meine Zweifel.

Deshalb ist es nötig, immer wieder für klare Spielregeln zu sorgen, die die Bevölkerung akzeptiert und bei denen sie auch nicht zulässt, dass sie verletzt werden. Wenn die Regeln in der Bevölkerung nicht verankert sind, besteht immer die Gefahr, dass ein Teil der politischen Klasse sie über Bord wirft und undemokratische Verhältnisse konstruiert.

Was wir jetzt erleben, ist ja interessant: Unsere Bevölkerung ist eher ruhig, es wird scheinbar alles akzeptiert, aber unter der Oberfläche brodelt es. Und wissen Sie auch, warum es brodelt? Weil viele Menschen sich die Welt nicht mehr erklären können. Sie wissen nicht mehr: Wer macht eigentlich wie Weltpolitik? Wieso müssen wir für Banken bezahlen, die verschuldet sind? Was ist überhaupt dieser Islamische Staat, wo kommt so etwas her? Wie lebt man in Staaten, in denen es überhaupt keine funktionierenden Regierungen gibt, also Libyen, Irak, Jemen, Somalia, Syrien et cetera?

Früher war das alles klarer, wenn auch nicht besonders schön: Kalter Krieg, Einflusssphäre Sowjetunion, Einflusssphäre USA, dann noch die Blockfreien. Die Blöcke durften sich bloß nicht an der falschen Stelle begegnen wie bei der Kuba-Krise 1962 – da hätte wirklich der Dritte Weltkrieg beginnen können, was zum Glück noch verhindert wurde. Im Ost-West-Konflikt konntest du jedenfalls immer eine Haltung haben. Das ist heute schwieriger geworden. Ein Bin Laden wäre früher immer an den amerikanischen oder sowjetischen Geheimdienst gebunden gewesen, und wenn er wirklich durchgedreht wäre, hätte er einen Unfall gehabt, Punkt. Heute sind das alles frei schwebende Kräfte, und das führt zu einer tiefen Verunsicherung vieler Menschen. Deshalb haben übrigens auch der Nationalismus und der Rassismus noch größere Chancen, weil sie scheinbar wieder klare Verhältnisse schaffen. Dagegen muss man etwas tun. Das ist aber nicht so leicht, und deshalb mache ich mir Sorgen hinsichtlich der Zukunft unserer Demokratie, weil sie nicht tief genug in unserem Denken und Fühlen verankert ist.

»Wer verstanden werden will, muss das Vereinfachen lernen«

Was muss ein linker Politiker da tun? Die linken Lösungen sind ja per se etwas komplizierter als die rechten Ressentiments, weil Linke auf die Komplexität der Welt reagieren möchten. Wie kann man erreichen, dass die Leute einem dennoch zuhören oder sogar folgen?

Zunächst: Man muss im Umgang miteinander viel vorsichtiger werden. Wenn man im Umgang miteinander grob und unnachgiebig ist, dann sagen die Leute: Wer weiß, wie der mit mir umgeht, wenn er mal mehr über mich zu entscheiden hat als gegenwärtig.

Ist das eine linke Krankheit, aufeinander einzuschlagen? Und wenn ja: warum?

Das ist an sich eine Krankheit in allen Parteien, aber unter Linken gibt es ein paar spezielle Gründe dafür. Erstens ist die Linke ideologischer als andere Parteien. Wenn du ideologischer bist, glaubst du immer, dass die reine Lehre, die du gerade begriffen hast, verletzt wird durch andere. Dann kommt hinzu, dass auch Linke sich manchmal dagegen wehren, dazuzulernen: Jetzt hast du gerade die Struktur des Ganzen begriffen, da willst du nicht schon wieder durcheinandergebracht werden. Und dann gibt es natürlich wie in jeder Partei Konkurrenz, wer was wird, denn Posten sind immer knapp, aber mit Privilegien verbunden. Und Linke haben außerhalb der Partei schlechtere Chancen als andere.

Die Linke kann allerdings auch ungeheuer solidarisch sein, wenn es darauf ankommt. Als ich in der Gesellschaft so massiv abgelehnt wurde, war die PDS sehr solidarisch mit mir. Sie schickte mich erst wieder vor die Tür, nachdem sie mich gepflegt hatte. Dann konnte ich mir wieder meine Beulen holen. Als die Beulen draußen nachließen, haben sie sich gesagt, dem fehlt ja etwas, dann haben sie innen für die Beulen gesorgt, damit sich das wieder ausgleicht.

Das sind die inneren Probleme. Vor allem aber muss eine linke Partei immer wieder versuchen, nach außen deutlich zu machen, wieso die Verwirklichung ihrer politischen Vorstellungen nur unter freiheitlichen und demokratischen Bedingungen gelingen kann. Sie muss also zum Beispiel einen Volksentscheid, der anders ausgeht als sie wollte, genauso respektieren wie einen mit umgekehrtem Ergebnis.

Und noch etwas sollte man überhaupt nicht unterschätzen: Sie haben gesagt, dass die Linke sich den komplizierten Verhältnissen stellen muss. Das stimmt. Aber sie muss auch lernen, zu vereinfachen. Da muss sie einen Sprung machen. Wissen Sie, es ärgert mich, dass die Rechten Boulevardpresse können und die Linken nicht. Das ist der Verzicht darauf, Millionen zu erreichen. Wir haben als Fraktion den Versuch gemacht, wir haben eine Zeitung mit vielen Bildern und größeren Buchstaben produziert. Ich stehe für Übersetzung, und Übersetzung ist immer auch Vereinfachung. Aber sie ist auch die Voraussetzung dafür, dass man breit verstanden wird.

Ich nenne Ihnen mal mein Lieblingsbeispiel: Unter der Regierung Schröder hatten wir eine Debatte – nicht übersetzt: zur Veräußerungserlösgewinnsteuer. Zunächst hatten Kapitalgesellschaften diese Steuer in voller Höhe zu bezahlen, Inhaberunternehmen nur zur Hälfte. Aber das wurde geändert: Die Kapitalgesellschaften wurden befreit, Inhaberunternehmen hatten die Steuer voll zu bezahlen. Wenn man das so beschreibt, sehen natürlich 90 Prozent der Fernsehzuschauer schon weg und die Ohren sind zu.

Also gehe ich nach vorne und sage: »Nochmal ganz langsam, damit einer wie ich das auch versteht.« Das ist dann wieder Selbstironie, wobei sicher auch eine Form von Arroganz dabei ist, denn ich weiß, dass ich mir diese Form von Selbstironie auch leisten kann.

Ich sage also: »Unter Kohl war es so: Wenn die Deutsche Bank einen Kaufpreis einnahm, musste sie dafür die volle Steuer bezahlen. Und wenn der Bäckermeister einen Kaufpreis bekam, musste er darauf die halbe Steuer bezahlen. Und ihre sozial-ökologische Reform besteht darin, dass die Deutsche Bank nichts mehr zu bezahlen hat und der Bäckermeister das Doppelte bezahlen muss.«

Das versteht jeder! Und wissen Sie, was das Ergebnis nach meiner Rede war? Zwanzig SPD-Abgeordnete rannten nach vorne zu Peter Struck, dem damaligen Fraktionsvorsitzenden, und fragten, ob das stimmt. Ob es das ist, was sie in einer halben Stunde entscheiden. Bei »Veräußerungserlösgewinnsteuer« klappten ja auch deren Ohren zu!

Das muss die Linke also lernen. Wenn wir nicht übersetzen, wenn wir nur die Sprache der anderen benutzen und für größere Teile der Bevölkerung genauso unverständlich bleiben, dann denken wir viel zu elitär. Dann geben wir die Leute auf. Das hat auch etwas mit Demokratie zu tun. Denn nur, wenn ich verstanden werden will, dann will ich auch, dass alle mitreden und mitentscheiden. So kann sich jeder überlegen: Bin ich dafür, dass die Steuer von der Bank nicht mehr gezahlt wird und der Bäckermeister das Doppelte bezahlen muss? Oder bin ich eher dagegen? Und wenn ja, aus welchem Grund bin ich dagegen?

Warum verzichtet die Linke zu einem großen Teil darauf?

Das ist nicht die Linke. Das ist die politische Klasse. Die gewöhnt sich an ihre Sprache. So, wie sich Juristinnen und Juristen an ihre Sprache gewöhnen – aber da hat es natürlich eine existenzielle Bedeutung, denn wenn alle alle Gesetze verstünden, bräuchten sie kaum noch Anwälte wie mich, das geht überhaupt nicht. *(Lacht.)* Deshalb müssen wir so verklausuliert quatschen. Aber das ist in der Politik eigentlich keine Frage von Links und Rechts. Richtig ist: Die ganz Rechten brauchen für einen bestimmten Populismus und um bestimmte Schichten der Bevölkerung zu erreichen die einfachste Sprache. Deshalb ist es bei ihnen Methode. Aber gerade deshalb wetteifere ich mit ihnen insofern, als ich sage: Wir brauchen eine einfache Sprache, damit bestimmte Leute nicht nach rechts gehen, sondern wir sie überzeugen.

Wie man für Alternativen wirbt

Sie sprachen gerade von einem »bestimmten Populismus« bei den Rechten. Gibt es auch einen anderen? Manche linken Theoretiker stellen die Frage, ob nicht Parteien wie Syriza in Griechenland oder Podemos in Spanien als Vorbilder dienen könnten für einen »linken Populismus«. Das ist durchaus positiv gemeint. Könnten Sie einen solchen, positiv verstandenen linken Populismus definieren?

Die Schwierigkeit ist folgende: Die Linke vertritt auch Positionen, die in größeren Teilen der Bevölkerung überhaupt nicht populär sind. Zum Beispiel in der Asylfrage, hinsichtlich des Umgangs mit Flüchtlingen. Zum Beispiel auch in Bezug auf Griechenland. Da sind wir in einer klaren Minderheitenposition, aber das kann die Linke. Das kann sie besser als andere – Konsequenz an den Tag legen und sagen: »Wir bleiben dabei, dass diese Forderungen richtig sind, obwohl sie nicht besonders populär sind.« Das halte ich auch für richtig.

Und dann gibt es natürlich Positionen bei uns, die populär sind. Da entsteht manchmal die Situation, die Sie mit »Komplexität« beschreiben: Mir wird gesagt, man müsste noch dies dazu erwähnen und auf jene Einschränkung hinweisen und so weiter. In der Regel finde ich diese Differenzierungen auch richtig, aber es gibt Ausnahmen, bei denen ich sage: »Nein, wir sind nicht die Regierung. Ich muss das jetzt nicht so detailliert klarmachen, sondern ich muss erstmal für ein anderes Prinzip kämpfen.« Nur wenn ich die Bevölkerung für das andere Prinzip gewinne, habe ich überhaupt die Chance, in Details zu gehen. Wenn ich es zu kompliziert mache, funktioniert es nicht.

Ich nenne mal ein Beispiel: Wir werden es zunehmend mit Altersarmut zu tun bekommen. Der tiefere Grund ist, dass vor der

Agenda 2010 und erst recht mit der Agenda 2010 die Lohnentwicklung abgekoppelt wurde von der Produktivitätsentwicklung. Das war vorher in der Bundesrepublik anders, die Löhne wuchsen einigermaßen parallel zur Produktivität. Das geschah natürlich nicht nur aus Nächstenliebe, sondern das westdeutsche Kompromissmodell zwischen Arbeit und Kapital entstand auch aus der Konkurrenz mit dem Staatssozialismus. Als der dann weg war, musste man nicht mehr so sozial sein. Wir sehen das heute noch am Euro, aber das ist wieder ein anderes Thema.

Unter anderem wurde das Rentenniveau gesenkt. Und obwohl die große Mehrheit dagegen war, wurde beschlossen, dass die Menschen künftig erst ab 67 in Rente gehen dürfen. Da vertraten wir die große Mehrheit der Bevölkerung. Ich weiß noch, wie im Bundestag jemand vor mir sprach und sagte: »Gleich kommt der Gysi und wird populistisch gegen die Rente mit 67 reden.«

Dann kam ich und sagte: »Ja, Sie haben das völlig richtig vermutet, aber ich habe eine Frage an Sie: 70 Prozent der Bevölkerung sind gegen eine Rente erst ab 67. Hier sind die Fraktionen der FDP, der Union, der SPD und der Grünen dafür. Wenn wir auch noch dafür wären, dann hätten wir eine repräsentative Demokratie, die in dieser Frage die Interessen von 70 Prozent der Bevölkerung nicht einmal artikulierte. Weil es ja keinen Widerspruch gäbe. Das können Sie sich doch gar nicht wünschen. Sie müssten froh sein, dass wenigstens wir diesen Widerspruch formulieren.«

Das hat den Kollegen ziemlich durcheinandergebracht, denn diese Art der Argumentation hatte er nicht erwartet.

In solchen Situationen wie bei der Rente mit 67 sage ich: Nein, jetzt keine Details, jetzt kommt zunächst das Prinzip. Das Prinzip ist, dass wir sagen, in der nächsten Generation müssen alle mit Erwerbseinkommen in die gesetzliche Rentenversicherung einzahlen; und von dem, was sie sonst für ihre Altersvorsorge tun, nehmen wir ihnen nichts weg. Da gibt es ja vollkommen falsche Debatten bei uns: Die

Rechtsanwaltsversorgung sei gefährdet oder die Ärzteversorgung. Dabei könnten die, die es sich leisten können, nach unserem Modell alles zusätzlich machen, was sie wollen, auch private Versicherungen so viel sie wollen. Nur: Sie müssen alle auch in die gesetzliche Rentenversicherung einzahlen. Und zwar ohne Beitragsbemessungsgrenze – wer eine Million verdient, muss eben den dann geltenden Beitragssatz für eine Million einzahlen. Dann würden natürlich auch die Rentenansprüche der Spitzenverdiener steigen, wenn man nichts tut. Deshalb würden wir für die höchsten Einkommen den Rentenanstieg abflachen. Eine Höchstrente wie in der Schweiz würde unser Bundesverfassungsgericht nicht akzeptieren, aber ein flacherer Anstieg bei Spitzenverdienern zugunsten der Ärmeren ist möglich, weil es sich ja um eine solidarische Versicherung handelt.

So entsteht eine Generation, in der alle mit Erwerbseinkommen in die gesetzliche Rentenversicherung einzahlen – davon sind wir heute meilenweit entfernt –, und das vom gesamten Einkommen. Soweit es sich um Arbeitnehmerinnen und Arbeitnehmer handelt, muss natürlich paritätisch der Arbeitgeberbeitrag vom Unternehmen bezahlt werden, so wie heute.

So weit das Modell. Die Alternative lautet: Entweder wir gehen den Weg: erst Rente mit 67, dann mit 69, dann vielleicht mit 71 und so weiter. Wir aber sagen, wir müssen alle heranziehen, um zu sichern, dass man den Lebensstandard, den man sich im Erwerbsleben erarbeitet hat, in der Rente aufrechterhalten kann. Und da muss ich versuchen, die Leute erst einmal von einem anderen Prinzip zu überzeugen. Dazu muss ich auch vereinfachen. Das kann man meinetwegen auch als populistisch bezeichnen, aber das halte ich für dringend erforderlich. Was ich nur nicht mag, ist, Dinge zu versprechen und anzukündigen, die man ohnehin nicht halten kann. Dazu tendiert auch die Linke gelegentlich, das will ich nicht bestreiten.

»Linke sind immer ideologisch«

Sie haben ja vorhin schon im Zusammenhang mit den hohen Erwartungen der Ostdeutschen an Sie von Enttäuschung gesprochen. Hatten nicht auch Sie manchmal die Neigung, diese Enttäuschung selbst mitzuproduzieren, indem Sie zum Beispiel in Wahlkämpfen nahegelegt haben, es gäbe Lösungen für Probleme, die Sie in Wahrheit nicht lösen konnten?

Nun, wir waren ja nicht in der Bundesregierung. Und landespolitisch habe ich sehr wenig versprochen. Schon gar nicht in Berlin. Als ich dort 2001 für das Amt des Regierenden Bürgermeisters kandidierte, habe ich immer gesagt, dass wir völlig pleite seien. Und bundespolitisch hatten wir sehr wohl immer wieder realistische Alternativen. Aber natürlich, das sage ich meiner Partei immer wieder: Wir haben nicht 50 Prozent, sondern zehn Prozent der Stimmen. Also müssten wir Kompromisse mit anderen finden. Und insofern können wir natürlich nicht vollständig umsetzen, was wir versprechen. Aber das wissen ja alle.

Wenn wir schon von Wahlkampfversprechen reden: Wissen Sie, was nicht geht? Ich gebe Ihnen ein Beispiel von unserer Partei und eines von den anderen. Im Wahlkampf 2005 hat Frau Merkel die Forderung nach zwei Prozent Umsatzsteuererhöhung plakatiert, die SPD null Prozent. Dann bildeten beide eine Koalition, und der »Kompromiss« zwischen null und zwei Prozent lag bei drei Prozent. Da fühlt sich die Bevölkerung betrogen, in jeder Hinsicht. Und so etwas macht die SPD, es ist nicht zu fassen.

Und jetzt das Beispiel aus meiner Partei: Wir fordern offene Grenzen für alle. Ich verstehe zwar das Anliegen, Reisefreiheit ist ja nicht gleich Bleiberecht, das sind unterschiedliche Dinge. Menschen in Not wollen wir aufnehmen, aber es gibt Milliarden Menschen in

Not, und es ist schlicht und einfach wahr, dass wir die nicht alle hier aufnehmen können. Da sind wir verliebt in bestimmte Sätze, mit denen wir übrigens gar nicht so besonders populär sind. Wir können uns davon nicht trennen, weil es eine Angst gibt: Wenn du da jetzt etwas einschränkst, tust du es vielleicht an der falschen Stelle. Wie schon gesagt, Linke sind ideologisch und deshalb besonders empfindlich und haben immer Angst, dass ein Prinzip verletzt wird. Und das ist ihnen gelegentlich wichtiger als Wahlergebnisse.

Gerade der Satz »Wir haben keinen Platz für alle« ist ja eine Chiffre der Rechten, mit der eine Politik der Abschreckung gerechtfertigt werden soll.

Berlins Regierender Bürgermeister Klaus Wowereit und PDS-Spitzenkandidat Gregor Gysi auf einer Feier in Marienfelde, 2001

Na klar, so würde ich den Satz auch nicht sagen. Ich würde sagen: Erstens finde ich den Slogan falsch, wir müssten jetzt die Fachkräfte aus der Dritten Welt anwerben, weil wir die dringend benötigen. Was heißt denn das? Es heißt, wir nehmen der Dritten Welt die Fachkräfte weg, dann verarmen die noch mehr und die Probleme werden immer gewaltiger. Ich stelle deshalb eine andere Frage und sage: Natürlich müssen wir Flüchtlinge anständig behandeln, darüber brauchen wir gerade bei unserer Geschichte gar nicht zu diskutieren. Und dass man im Mittelmeer jedes einzelne Leben retten muss, ist ebenso selbstverständlich. Da sagen ja noch nicht einmal wir etwas gegen die Bundeswehr – wobei ich meine, andere könnten es vielleicht besser.

In einem Fernsehinterview bekam ich daraufhin die Antwort: »Aber Sie sind doch strikt gegen Auslandseinsätze.«

Da sagte ich: »Das Mittelmeer ist kein Ausland, das ist internationales Gewässer.« *(Lacht.)* Aber darum geht's ja auch gar nicht. Wir sind gegen Kriege. Das ist das Entscheidende.

Aber zurück zu den Flüchtlingen: So ein »rechter« Satz ist furchtbar. Wir sollten ihn umkehren und sagen: Wen müssen wir aufnehmen? Menschen in Not, Flüchtlinge müssen wir aufnehmen, wir müssen ihnen Asyl gewähren, wir müssen sie arbeiten lassen. Da stellen wir richtige Forderungen. Aber, und das ist viel wichtiger, wir müssen gleichzeitig auch sagen: Das Ganze funktioniert nur, schon weil unsere Möglichkeiten begrenzt sind, wenn wir die Fluchtursachen wirksam bekämpfen. Das ist das Entscheidende, aber darüber wird ja bei uns so gut wie gar nicht diskutiert! Gegen die Kriege und den Hungertod müssen wir etwas tun! Wir sind der drittgrößte Waffenexporteur der Welt, verdienen also an jedem Krieg, sind also auch schuldig. Die häufigste Todesursache ist immer noch der Hunger. Jedes Jahr sterben 70 Millionen Menschen, davon 18 Millionen an Hunger, obwohl wir weltweit eine Landwirtschaft haben, die die Menschheit zweimal ernähren könnte. Das ist nicht zu vermitteln.

Und was macht meine Regierung diesbezüglich? Fast nichts. Wir könnten doch mal wenigstens den Entwicklungsetat von 0,7 Prozent des Bruttoinlandsprodukts zur Verfügung stellen, so wie es die UNO beschlossen hat. Aber davon sind wir meilenweit entfernt.

Aber bis wir den Hunger besiegt haben, müssen wir uns schon mit dem Thema Flucht und den Flüchtlingen beschäftigen.

Ja, natürlich müssen wir das. Aber ich kann die Menschen nur erreichen, indem ich zeitgleich sage: Wir müssen die Flüchtlinge aufnehmen, wir müssen sie anständig behandeln, aber ich gehe jetzt diese und jene Schritte, um in Afrika und nicht nur dort andere Lebensverhältnisse zu schaffen, damit die Menschen es gar nicht mehr nötig haben zu fliehen.

Was prägt? Die Familie, der Antifaschismus und die Widersprüche der DDR

Zwei Seiten einer Straße und der Zugang zur Politik

Sie haben von der historischen Tradition gesprochen, in der Sie die Linke sehen. Ich komme noch einmal auf Ihre eigenen Ursprünge zurück: Ihre Familie hat sich ja sicher als Teil dieser Geschichte gefühlt, und sie war geprägt vom Widerstand gegen den Nationalsozialismus. War für Sie von Anfang an klar, dass die soziale Frage das Hauptthema Ihres Lebens werden würde? Sind Sie so aufgewachsen als Sohn von Klaus Gysi?

Es stimmt, die Herkunft meines Vaters war eher eine linke, die Herkunft meiner Mutter aber weniger.* Sie kam eher aus bürgerli-

---

* Klaus Gysi wurde 1912 als Sohn eines jüdischen Arztes geboren, der im Berliner Arbeiterbezirk Neukölln praktizierte. Schon als Student betätigte er sich in kommunistischen Gruppen. 1935 von der Friedrich-Wilhelms-Universität in Berlin verwiesen, wo er Volkswirtschaft studierte, ging er über England nach Frankreich und engagierte sich in der Exil-KPD. 1940 ging Gysi zusammen mit seiner späteren Frau Irene zurück nach Deutschland, wo er sich bis zum Kriegsende an der Untergrundarbeit gegen das Nazi-Regime beteiligte. In der DDR stieg Klaus Gysi zunächst bis ins Amt des Kulturministers auf (1966 bis 1973). Später war er unter anderem Botschafter in Italien (1973 bis 1978) und Staatssekretär für Kirchenfragen (1979 bis 1988). Von 1967 bis 1990 gehörte er auch der Volkskammer an. Klaus Gysi wird allgemein als sehr gebildet, schlagfertig, witzig und lebensfroh bezeichnet. Sein Sohn Gregor erzählt gern

chen Kreisen und ist durch meinen Vater in diese Richtung geprägt worden.

Aber ich sehe die Entwicklung etwas anders. Ich wurde als Kind dadurch geprägt, dass es unterschiedliche Formen des Umgangs mit dem Nazi-Regime gab. Dass auf der einen Seite Menschen wie meine Eltern stehen und auf der anderen Seite jemand wie Hans Globke, der nazi-belastete Staatssekretär des westdeutschen Bundeskanzlers Konrad Adenauer. Das war, vereinfacht formuliert, der Kern des Selbstverständnisses.

Familien wie meine hatten in einem Staat, der sich als die antifaschistische Alternative zum Westen verstand, mehr Einfluss als andere. Allerdings fiel mir sehr wohl auf, dass Leute aus solchen Familien in meiner Schulklasse die Minderheit waren. Dadurch habe ich begriffen, dass irgendwie die Minderheit über die Mehrheit regiert und nicht umgekehrt. Das ließ sich allerdings wiederum dadurch erklären, dass ja die große Mehrheit, auch die Mehrheit der späteren DDR-Bürger, mitgemacht hat beim Nazi-Regime oder zumindest nichts dagegen getan hat – anders als die kleine Minderheit, zu der meine Eltern gehörten. Heute sage ich im Nachhinein: Es fehlte die Ehrlichkeit, dies wenigstens zuzugeben. Wenn man gesagt hätte, wegen der Geschichte regiert jetzt vorübergehend eine Min-

---

diesen Witz: Klaus Gysi fährt mit dem Papst im offenen Wagen durch Rom. Die Römerinnen am Straßenrand erkennen ihn, stecken die Köpfe zusammen und fragen sich: Wer ist der Mann in Weiß neben Klaus Gysi?

Irene Gysi, Gregors Mutter, wurde ebenfalls 1912 geboren. Sie entstammte einer Unternehmerfamilie, die in Russland ihr Vermögen gemacht hatte und nach der dortigen Revolution nach Deutschland zurückgekehrt war. 1939 nach Frankreich emigriert, ging sie 1940 mit Klaus Gysi, den sie schon zu Berliner Studienzeiten kennengelernt hatte, zurück nach Deutschland. In der DDR arbeitete sie unter anderem als Leiterin der Abteilung für internationale Beziehungen im Kulturministerium. Der Bruder von Irene Gysi, einer geborenen Lessing, war mit der Schriftstellerin Doris Lessing verheiratet.

Das Paar, das erst nach Kriegsende 1945 geheiratet hatte, ließ sich 1958 scheiden, als Gregor Gysi zehn Jahre alt war. Klaus Gysi starb 1999, Irene Gysi 2007.

derheit über die Mehrheit, wäre es etwas anderes gewesen. Aber sie haben von Anfang an so getan, als ob sie, die Antifaschisten und Widerstandskämpfer, die Mehrheit seien.

Wenn man das macht, muss man aber die Bevölkerung für antifaschistisch erklären, und damit erspart man es den Leuten, sich selber Gedanken darüber zu machen, was sie alles zugelassen haben. Das gilt nicht für die großen Nazis, die wurden entlassen und bestraft, das war nicht das Problem. Aber die Mehrheit wurde tatsächlich von der Beschäftigung mit der eigenen Rolle im Nationalsozialismus entlastet.

Dennoch: Das antifaschistische Credo war, glaube ich, in erster Linie mein Zugang zum politischen Denken. Den zweiten Zugang lieferte mir die Straße, in der wir wohnten. Auf der einen Seite lebten Familien in Mietshäusern, auf der anderen Seite standen Doppelhäuser mit kleinen Gärten, die durch eine Mauer geteilt waren: Die eine Seite gehörte einer Familie, die andere einer anderen. Das heißt, die unterschiedlichen Lebensverhältnisse der Menschen in der DDR existierten schon in der Straße selbst. Meine Eltern hatten etwa 5 000 Bücher. Mein Freund wohnte gegenüber, seine Mutter war alleinerziehend mit drei Kindern, katholisch, und hatte zwei Bücher: eine Bibel und ein Kochbuch. Das waren sehr, sehr unterschiedliche Bedingungen.

Deshalb entwickle ich übrigens bis heute so viel Leidenschaft bei der Frage der Chancengleichheit in der Bildung. Mein Freund ist, trotz der Tatsache, dass er katholisch war, Oberarzt geworden. Und ich sage: Wer heute aus vergleichbaren Verhältnissen kommt, hat gar keine Chance, Oberarzt zu werden. Die soziale Frage spielte insofern immer eine Rolle, auch wenn ich das erst später begriffen habe.

Zum Beispiel, als ich mit vierzig Jahren zum ersten Mal ins westliche Ausland fahren durfte, nach Paris. Das war im Januar 1988. Vorher war ich ja genauso eingeengt wie die anderen Bürgerinnen und Bürger der DDR und konnte natürlich nicht in den Westen fahren. Ich war zwar schon 1987 eingeladen worden, aber da wurde die Reise noch abgelehnt. Nun sollte ich also im Kulturzentrum der DDR sprechen, mitten in Paris, und zwar zu dem Top-Thema »Der Grad der Verwirklichung der Menschenrechte in der DDR«. Ein reines Vergnügen. Beides ist selbstverständlich ironisch gemeint.

Aber abgesehen davon traf ich folgende, für mich hochinteressante Feststellung: Erstens gab es ein Warenangebot, das für die DDR unvorstellbar war. Ein Käseladen mit dreihundert Sorten, das konntest du bei uns völlig vergessen. Und dann war ich in einem Teewagenladen mit zweihundert verschiedenen Teewagen. Es gab auch mal einen Teewagen im Warenhaus am Alexanderplatz – aber eben nur einen! Allerdings fragte ich mich auch, ob so viele verschiedene wirklich nötig sind. Und Fernsehgeräte waren in Paris richtig billig. Das war das eine.

Das andere war aber: Als ich mit der Metro zum Louvre fuhr und Eintritt bezahlte, war ich pleite. Das hätte mich wiederum in der DDR fast nichts gekostet.

Das heißt, ich habe in der sozialen Frage einen gesellschaftspolitischen Unterschied begriffen: Es ging gar nicht so sehr, wie ich vorher immer dachte, um Volkseigentum oder Privateigentum. Sondern mir wurde klar, dass es eine gesellschaftspolitische Entscheidung in der DDR war, der gesamten Bevölkerung den Zugang zu Kunst, Kultur und Bildung zu ermöglichen.

»Warum ich nie abhauen wollte«

Ist das der Grund dafür, dass Sie trotz allem ein loyaler Bürger der DDR gewesen sind?

Dafür gab es mehrere Gründe. Ich werde Ihnen gleich sagen, warum ich nie abhauen wollte. Aber lassen Sie mich nur drei Beispiele zum Thema Bildung nennen. Jeden Monat erschien ein Poesiealbum, das am Kiosk verkauft wurde. Es kostete 90 Pfennige. Mit wunderschönen Gedichten. Und jeden Monat erschien eine Zeitschrift mit Romanen von Dostojewski, Flaubert, Puschkin, Dumas – die ganze Klassik, könnte man sagen. Und diese Romanzeitschrift kostete 80 Pfennige. Dann gab es in großer Zahl Kinderferienlager. Alle volkseigenen Betriebe mussten solche Lager anbieten. Die großen Ferien waren ja einheitlich in der DDR, sie dauerten acht Wochen, aber kein Mensch hatte acht Wochen Urlaub. Also, was soll mit den Kindern geschehen? Wenn beide Eltern arbeiteten, konnten die Kinder vielleicht sogar in zwei Kinderferienlager für je drei Wochen fahren, damit waren schon mal sechs Wochen abgedeckt. Ich glaube, die kosteten gar nichts. Mit Mittagessen, Hin- und Rückreise et cetera. Und dann gab es die Kinderferienspiele an den Schulen. Die kosteten pro Monat eine Mark. Mit Mittagessen. Da war das Einsammeln der Mark teurer, als wenn sie darauf verzichtet hätten. Aber verstehen Sie: Das war ein anderer Zugang!

Wenn ich das alles so positiv beschreibe, muss ich natürlich hinzufügen, dass es auch eine Art Verschwendung gab, die gar nicht gut war – zum Beispiel bei den Wohnungen. Ich hatte eine Pauschalmiete in meiner Neubauwohnung, da waren Heizung, Wasser und Warmwasser mit drin, egal, wieviel ich verbrauchte. Dann verbrauchst du natürlich mehr, als nötig ist.

Und sie hatten Schwachsinnsregelungen wie diese: Wenn du selber Hühner hattest, konntest du die Eier verkaufen und bekamst mehr, als Eier sonst kosteten. Ich habe das mal in einem Laden in Buckow erlebt: Da kam ein Mann mit dreißig Eiern, verkaufte die zum höheren Preis und kaufte fünfzehn zum niedrigeren Preis zurück. Es wurde also auch ganz offen beschissen – so kann das mit subventionierten Lebensmitteln nicht funktionieren.

Aber trotz guter Bildungschancen – das Schlimmste war andererseits die politische Ausgrenzung: Welcher Roman durfte erscheinen, welcher nicht, welches Gedicht durfte erscheinen, welches nicht. Es gab in der Bildung zwar niemals eine soziale Ausgrenzung, aber dafür leider eine politische. Deshalb muss die Linke lernen: Es darf nie wieder eine politische Ausgrenzung geben, und gleichzeitig müssen wir für soziale Chancengleichheit in der Bildung kämpfen.

Ich war loyal zur DDR, ich war dort aufgewachsen, aber spätestens seit ich als Rechtsanwalt tätig war, erkannte ich immer mehr Widersprüche. Da entstand in mir ein gewisser Widerspruchsgeist, den ich versucht habe zu nutzen, wenn auch immer in Grenzen.

Aber ich wollte Ihnen sagen, warum ich nie abgehauen wäre. Es gab für mich drei Gründe, nicht in den Westen zu gehen, zum Beispiel als ich 1988 nach Paris fuhr. Der erste Grund war eine gewisse Loyalität gegenüber der DDR. Der zweite Grund war mein Sohn. Ich war ja alleinerziehend.* Ich wäre niemals gegangen und hätte gesagt, mal sehen, wie ich ihn nachkriege. Das wäre für mich nie in Frage gekommen. Und das dritte – ich gebe zu, es klingt blöde, wenn ich es selbst sage, aber: Ich war im DDR-Recht perfekt. Und ich wusste, das BRD-Recht müsste ich erst lernen. Ich war ja schon vierzig und eigentlich ganz zufrieden, dass ich dieses Recht beherrschte und auch seine Entwicklung wahrnahm. Es gab ja auch ein bisschen Hoffnung: Plötzlich waren Verwaltungsentscheidungen zum Teil gerichtlich überprüfbar, was vorher undenkbar gewesen wäre. Es gab also gewisse Entwicklungen oder, wie es später mal ein Staatsanwalt gesagt hat: Es gab eine gewisse Verrechtlichung der DDR.

Es kam dann noch zweierlei hinzu: Seit der Fahrt nach Paris im Januar 1988 war klar, dass ich nun dienstlich reisen durfte. Und ich wusste, dass ich im April 1988 zum Vorsitzenden des Rechtsanwaltskollegiums in Berlin gewählt werden sollte und damit auch zum Vorsitzenden des Rates der Vorsitzenden der fünfzehn Rechts-

---

* Gregor Gysi erhielt das Sorgerecht für seinen Sohn George, geboren 1970, nachdem die Ehe mit seiner ersten Ehefrau Jutta 1974 geschieden worden war.

anwaltskollegien in der DDR. Sie dürfen eins nicht überschätzen: Ich hatte einen Nischenberuf. Es gab nur 600 Rechtsanwälte in der DDR, so viele haben wir heute in einer Straße, das kann man überhaupt nicht vergleichen. Von den 600 machte nur die Hälfte Strafrecht, und diese Hälfte musste alles abdecken. Heute denkt man immer, ich hätte in erster Linie Dissidenten verteidigt. Das ist Quatsch, das war vielleicht ein Anteil von einem Prozent. Ich habe Mörder und Räuber verteidigt, ich habe sehr viele Ehescheidungen gemacht, viele Zivilrechtsangelegenheiten, gelegentlich auch Arbeitsrecht. Verwaltungsrecht zunächst kaum. Erst zum Schluss habe ich Beschwerden gegen abgelehnte Ausreiseanträge ans Gericht geschickt. Das ist übrigens auch interessant: Ich habe bestimmt fünfzig Beschwerden geschrieben, aber ich hatte nicht eine Verhandlung. Meine Mandanten konnten letztlich immer ausreisen, ohne dass das Gericht je verhandeln und entscheiden musste. Auch irre.

Nach dem Motto: Wenn da einer Ärger macht, lassen wir ihn lieber gehen?

Fragen Sie mich nicht! Ich weiß es nicht. Es war zum Schluss gar nicht mehr zu berechnen. Wissen Sie, was am Ende der DDR das Interessante war? Dass du Dinge sagen konntest, wenn du die früher gesagt hättest, hätten sich Kommissionen gebildet. Plötzlich nahm das jedoch keiner mehr zur Kenntnis.

Prag 68 und der Widerspruchsgeist

Sie sprechen von Widerspruchsgeist. Den soll es ja auch 1968 schon einmal bei Ihnen gegeben haben, als die Sowjetunion und ihre Verbündeten das reformkommunistische Experiment der tschechoslowakischen Führung mit Panzern beendeten. Sie sollen damals eine gewisse Aufmüpfigkeit gezeigt und einen Verweis bekommen haben. Haben Sie damals oder später in der DDR einmal darüber nachgedacht, auf volles Risiko zu widersprechen, auch wenn die Folgen unabsehbar sind und zumindest die Karriere in Gefahr gerät?

Sie meinen, bei der Verteidigung von Rudolf Bahro* zum Beispiel? Bestimmte Grenzen wahrte ich immer. Aber zwei Dinge zu 1968: Mein Glück war – oder auch nicht, wie man's sieht –, dass ich gerade mit meiner ersten Frau auf Hochzeitsreise war, als das alles passierte, in Bulgarien. Ich kannte ja Sanda Weigl und andere, die nach Prag gereist waren oder zu Hause gegen den Einmarsch protestiert hatten und dann vor Gericht gestellt und bestraft worden sind.** Wenn ich daheim gewesen wäre, hätte es gut sein können, dass sie mich gefragt hätten und ich hätte mitgemacht. Ich war ja noch blutjung, zwanzig Jahre alt. Dann hätte ich vielleicht auch vor Gericht gestanden und das hätte natürlich meine Entwicklung verändert. Aber da ich auf Hochzeitsreise war, konnten sie mich nicht fragen, und als ich wiederkam, war ihnen das alles schon passiert.

Ich war zu der Zeit FDJ-Sekretär meines Studienjahres an der juristischen Sektion – so hieß die frühere Fakultät. Und wenn die

---

* Der Philosoph Rudolf Bahro (1935 bis 1997) wurde 1977 verhaftet, nachdem im *Spiegel* ein Vorabdruck seines Buches *Die Alternative* erschienen war. In dem Buch übte er harte Kritik an den Verhältnissen in der DDR. Bahro wurde 1978 in dem Prozess, in dem Gysi ihn verteidigte, zu acht Jahren Haft verurteilt, und zwar wegen des konstruierten Vorwurfs, illegal »Nachrichten« (gemeint war das in den Westen geschmuggelte Buchmanuskript) an gegnerische Dienste übermittelt zu haben. Im Oktober 1979 wurde Bahro amnestiert und mit seiner Familie in den Westen abgeschoben.

** Die Sängerin und spätere Regisseurin Sanda Weigl gehörte zu einer Gruppe von sieben jungen Leuten, die im Oktober 1968 wegen dieser Aktionen zu Haftstrafen verurteilt wurden. Dazu zählten unter anderem auch der spätere Schriftsteller Thomas Brasch sowie die beiden Söhne des bekannten Dissidenten Robert Havemann, Florian und Frank.

Sektion dann mitteilte, bei ihr gebe es keine politischen Probleme, dann hat das auch wieder Misstrauen erzeugt. Du musstest Fälle vorweisen, um zeigen zu können, wie du sie klären kannst. So war das, auch wenn man es heute gar nicht mehr versteht.

Die FDJ-Leitung hat sich plötzlich zehn Studenten meines Studienjahres ausgesucht, die den Russischunterricht geschwänzt hatten, und auf einmal waren das Konterrevolutionäre und alles mögliche Andere. Ich habe mich gegen diese Art des Umgangs mit ihnen gestellt, zusammen mit einem Kommilitonen. Das führte allerdings dazu, dass die zehn gar nicht mehr so interessant waren – jetzt ging es gegen uns beide. Das hat mir die Rüge von der Partei eingebracht, die Sie erwähnten. Und da habe ich mal erlebt, was es bedeutet, wenn du ein Jahr lang an der Uni gemieden wirst, so richtig gemieden. Nicht von bestimmten Mitstudentinnen und Mitstudenten – ich hatte eine Freundesgruppe, die blieb –, aber von den Dozenten.

Es war übrigens das einzige Mal, dass mein Vater zu mir kam und sagte: »Bitte übertreibe es nicht.« Er hatte ein bisschen Sorge, dass ich mich verstricken, verfestigen könnte, so etwas kann ja passieren.

Stimmt es, dass Sie damals zu Ihrem Vater gesagt haben, Sie hätten keine Lust mehr, diese ganzen faulen Kompromisse zu machen?

Das weiß ich nicht mehr ... Doch, das stimmt! Es war ja so, dass die mir von Sitzung zu Sitzung etwas Neues anboten. Erst sollte ich sagen, dass die zehn Russisch-Schwänzer Konterrevolutionäre und Verräter sind. Darauf habe ich geantwortet: »Ich denke, die haben den Russischunterricht geschwänzt!«

Dann habe ich gehört, das Justizministerium will ihnen das Stipendium kürzen. Sie waren, anders als ich, Vertragsstudenten, die von einem Ministerium zum Studium entsandt worden waren. Ich argumentierte: »Wenn das nun wirklich Konterrevolutionäre und Verräter sind, dann redet man ja nicht über eine Stipendienkürzung, das passt doch alles gar nicht zusammen.« Mehr habe ich gar nicht gesagt, aber schon war schwer etwas los, sie nannten mich Oberschlauer und so weiter.

Beim nächsten Mal hieß es dann, dass die zehn Studenten objektiv, ohne es subjektiv zu wollen, dem Sozialismus geschadet hätten. Da sagte ich: »Das ist ja schon wieder etwas völlig anderes als beim ersten Mal. Ich weiß nicht, wieso sie dem Sozialismus geschadet haben sollen, bloß weil sie geschwänzt haben.« Wieder Widerspruch.

Schließlich wurde über den Rechenschaftsbericht der FDJ-Leitung abgestimmt, in dem stand, dass ich eine libertäre Auffassung gehabt hätte. Mein Freund und ich, wir haben beide dagegen gestimmt. Das war natürlich auch neu, weil sonst ja alles einstimmig angenommen wurde. Und dann kam eine Kreisdelegiertenkonferenz der FDJ im Auditorium Maximum …

Haben Sie Angst gespürt, als Sie dagegen gestimmt haben? Wenn das so ungewöhnlich war …

Ja, das war ungewöhnlich, aber ich wusste, dass ich das machen musste. Ich hatte schon eine Rede dagegen gehalten, also war das für mich eine Frage der Konsequenz. Ich dachte: Na gut, dann schmeißen sie mich eben als FDJ-Sekretär meines Studienjahrgangs raus.

Mehr war nicht zu befürchten?

Zumindest habe ich mit mehr nicht gerechnet. Aber dann kam das Eigentliche. Bei der Kreisdelegiertenkonferenz sprach auch der FDJ-Chef unserer Sektion. Nun stellte er es plötzlich so dar: Sie hätten eine Auseinandersetzung mit zehn Studenten suchen müssen, die die

Hochschulreform nicht unterstützten. Das war ja nun wieder etwas völlig Neues. Und weiter: Zwei Kommilitonen hätten sich für die zehn Studenten eingesetzt, und auch mit diesen beiden habe man die Auseinandersetzung führen müssen. Und das waren eben wir.

Am Schluss sagte der Erste Sekretär der FDJ-Kreisleitung: »Gibt es noch den Wunsch, irgendetwas zu äußern?«

Den gab es natürlich eigentlich nie, aber ich meldete mich.

Er: »Bitte.«

Ich sagte, ich bin der und der und will mal kurz die Entwicklung schildern. »Erst waren sie Verräter, dann hatten sie objektiv dem Sozialismus geschadet, heute die dritte Interpretation, was denn nun? Da hat ja offensichtlich die FDJ-Leitung von Sitzung zu Sitzung ihre Meinung geändert und nicht ich, und wieso werde ich kritisiert, nur weil ich mich gegen die Übertreibungen gewehrt habe? Und ich will euch eine Sache sagen: Wenn man einem Dieb vorwirft, dass er ein Mörder ist, wird er sich immer zu Recht dagegen wehren, als Mörder bezeichnet zu werden, weil er eben keinen Mord begangen hat. Und wenn ihr Leute, die den Russischunterricht geschwänzt haben, zu Konterrevolutionären macht, werden sie sich zu Recht dagegen wehren. Ich bin gegen diese maßlosen Übertreibungen!«

Dann habe ich mich gesetzt, und der Erste Sekretär bat den FDJ-Chef unserer Sektion, nochmal nach vorne, um dazu Stellung zu nehmen. Der ging also nach vorne, um sein Vorgehen zu verteidigen, und dann gab es etwas, das ich noch nie erlebt hatte: Zwischenrufe.

»Also, du bist der Schlaueste von allen«, rief einer.

»Der hat doch 'ne Logik aufgebaut«, rief ein anderer.

Das war wirklich ganz interessant, aber damit war's erledigt. Ich bekam meine Rüge und war isoliert.

Konkret sah das dann zum Beispiel so aus, das werde ich nie vergessen: Wir schrieben eine Klausur, und ich wusste, dass ich arbeiten musste. Denn wenn ich jetzt Fehler zeigte, würden sie gnadenlos genutzt. Wir schrieben also die Klausur. Und dann gab der Dozent sie zurück, immer der Reihe nach von der schlechtesten bis zur besten. Bei der vorletzten, die er zurückgab, hielt er einen langen Vortrag, dass sie so gut war und so weiter. Und dann kam er bei mir vorbei, legte sie so hin und sagte: »Das war übrigens die beste.« Aber ohne, dass es jemand mitbekam.

Zum Glück gibt es immer Ausnahmen. Und die Ausnahme in diesem Fall war ein Professor Michels im Arbeitsrecht. Er sagte zu mir: »Du musst ja eine Hausarbeit schreiben, gib sie bei mir ab, egal was drinsteht, ich kümmere mich darum.« Er wusste, dass ich jetzt gar nicht in der Lage und fähig war, mich um die Hausarbeit zu kümmern. Die vergisst man übrigens auch nicht, die Ausnahmen.

In diesem Jahr nach der Kreisdelegiertenkonferenz habe ich als Student richtig hart gearbeitet. Aber nach einem Jahr war es dann auch wieder gut. Da muss der Erste Sekretär der Kreisleitung der SED oder wer auch immer gesagt haben: »Ja, wollen wir den nun für immer verlieren oder nicht? Also geht wieder auf ihn zu.«

Das ist alles gar nicht bedeutend, und was ich gemacht habe, ist weit entfernt von einer wirklichen Opposition. Aber es hat mir gezeigt, wie sich Dinge entwickeln können.

»Man unterschätzt, dass eine Diktatur anders funktioniert.«

Ein Teil dessen, was Sie beschreiben, wirkt so, dass Sie immer das Gefühl hatten, auch etwas zum Besseren verändern zu können.

Eher, dass sich etwas zum Besseren entwickeln kann, ja.

Haben Sie sich vielleicht auch etwas vorgemacht, um sich das Durchlavieren ein bisschen schöner zu reden?

Natürlich. Ich habe einmal zu Rudolf Bahro gesagt: »Sie wissen, dass Sie mir die beste Ausrede geliefert haben.«

Da sagte er: »Wieso?«

Und ich: »Weil in Ihrem Buch *Die Alternative* steht, die Ereignisse von 1968 in der Tschechoslowakei hätten bewiesen, dass an der Peripherie die notwendigen Veränderungen nicht möglich sind. Sie müssen in Moskau stattfinden. Denn die Panzer, die gegen Moskau marschieren könnten, gibt es nicht.«

Das war meine Ausrede: Ich muss ja warten, dass in Moskau etwas passiert.

Sie würden also das Wort »Lavieren« nicht zurückweisen?

Nein. Ich wusste doch, dass Bahro zum Teil Recht hatte. Bei seinem »überschüssigen Bewusstsein«* würde ich mal ein Fragezeichen machen, aber Recht hatte er natürlich mit seiner Kritik. Er hatte Recht, wenn er dem, was Marx einmal wollte, das gegenüberstellte, was daraus geworden ist. Andererseits sagte ich mir: So einfach ist die Welt auch nicht. Entgegen der Prognose von Marx ist ja der Sozialismus nicht im am meisten entwickelten kapitalistischen Land eingeführt worden, also zum Beispiel in den USA, sondern eben in einem der unterentwickeltsten, nämlich in Russland. Dort stand die Industrialisierung noch aus, und die Industrialisierung ist, wiederum nach Marx, immer die Aufgabe des Kapitalismus, nicht des Sozialismus. Deshalb haben die Russen Terror eingesetzt, um überhaupt die Industrialisierung zu erreichen. Furchtbar.

---

* Als »überschüssiges Bewusstsein« bezeichnete Bahro – vereinfacht gesagt – die kreativen Ideen, Kräfte und Fähigkeiten der Menschen, die nach Befreiung von den Zwängen der bestehenden Gesellschaft streben.

Die DDR allerdings war ja industriell trotz aller Schwächen deutlich weiter als die frühe Sowjetunion. Und Walter Ulbricht hatte Anfang der sechziger Jahre immerhin eines begriffen: Es geht nicht auf Dauer gut, wenn die Arbeitsproduktivität in der DDR 40 Prozent hinter der der Bundesrepublik liegt. Deshalb entwickelte er ein Neues Ökonomisches System der Leitung und Planung der Volkswirtschaft. Das klingt zwar furchtbar, aber da waren marktwirtschaftliche Elemente drin. Er sagte: »Nie wieder nur eine Kühlschrankfabrik, es muss mindestens drei geben, und dann kann auch mal eine in Konkurs gehen.«

Ulbricht wollte tatsächlich marktwirtschaftliche Elemente einführen. Es war ein Plenum des SED-Zentralkomitees geplant, und zwar ein Wirtschaftsplenum, bei dem das alles noch einmal untermauert werden sollte. Aber dann, im Oktober 1964, stürzte Leonid Breschnew den sowjetischen KP-Chef Nikita Chruschtschow, der eher reformorientiert gewesen war. Danach reiste Breschnew heimlich in die DDR. Es gab ja immer heimliche Reisen, von denen wir damals gar nichts mitbekamen. Als Breschnew beim ersten offiziellen Staatsbesuch mit Ulbricht im offenen Wagen durch die Straßen fuhr und wir winken sollten, da war er längst schon einmal dagewesen und hatte Ulbricht wohl zwei Dinge gesagt: Die Auseinandersetzung mit Stalin wird beendet, es wird nichts zurückgenommen, aber das Thema wird nicht mehr vertieft. Und zweitens bleiben wir bei der Planwirtschaft, alles andere ist Unsinn.

Das war eine Ohrfeige für Ulbricht, und daraufhin hat er das Wirtschaftsplenum abgesagt und stattdessen Ende 1965 ein Kulturplenum gemacht. Um Breschnew zu beweisen, dass er ideologisch noch in Ordnung ist, kritisierte er die offenere, freiere Kunst scharf. Das war das berühmte elfte Plenum, und darunter mussten dann unsere Künstlerinnen und Künstler und viele andere leiden, weil die bis dahin gewährten Freiheiten massiv eingeschränkt wurden. Ich war damals siebzehn, und wir Jugendlichen spürten das auch: Wir hatten bis dahin etwa die Beatles im eigenen Rundfunk hören dürfen, aber das wurde nun wieder dramatisch eingeschränkt.

Der Spitzel und die Rente

Haben Sie in dem Zusammenhang eigentlich Ihrem Vater seine Rolle vorgeworfen?

Er wurde ja Kulturminister, genau nach diesem Plenum. Damals habe ich ihn gefragt, was das denn nun genau heißt, und er erklärte mir: »Nein, ihr könnt schon weiter eure Musik hören.« Er werde sich dafür einsetzen, und so weiter. Und weil er so ein libertärer Typ war und ich ihn mochte und er tolerant war, habe ich dann doch wieder gehofft, dass sich das Ganze entsprechend entwickeln wird. Mein Vater flog dann aber später als Kulturminister raus, allerdings erst 1973.

Auch das neue System der Leitung und Planung der Volkswirtschaft hatte jetzt keine Chance mehr. Ulbricht hatte auch die Idee vertreten, in der DDR die Elektronik eigenständig weiterzuentwickeln. Er hatte ein Institut für Kybernetik gegründet und wollte auch andere moderne Wissenschaften fördern. Das hat Erich Honecker, der Ulbricht 1971 an der Parteispitze ablöste, alles dichtgemacht. Erst später, als sie merkten, dass sie in der Elektronik keine Chance mehr haben, da steckten sie eine Milliarde in die Entwicklung – wie wir eher ironisch sagten – des größten Mega-Chips der Welt. Aber da war es zu spät, das taugte alles nichts mehr.

Von all dem hat man allerdings in der DDR höchstens die Hälfte mitbekommen, selbst als Rechtsanwalt. Man erfuhr nur bestimmte Dinge, eher zufällig. Ich hatte eine gute Freundin, die Kybernetik studiert hatte – aber plötzlich arbeitete sie im Museum, weil es in dem Fach gar keine Verwendung mehr gab.

Man unterschätzt leicht, dass eine Diktatur doch gänzlich anders funktioniert als eine Demokratie. Daraus ergeben sich Dinge, die kaum nachvollziehbar sind. Ich nenne mal ein Beispiel: Wenn jemand ein relativ bekannter Dissident war und von der Staatssicherheit beobachtet wurde, dann gab es niemanden, der ihn beschäftigte. Dann konnte er nicht leben. Also musste die Staatssicherheit dafür sorgen, dass er leben konnte. Das ist der Grund dafür, dass fast keine Opfer-Akte vollständig veröffentlicht wird. Weil das denjenigen unangenehm ist. Das klingt verrückt, aber es ist vollkommen logisch, man kann es erklären. Man muss bloß darüber nachdenken.

Zum Beispiel Robert Havemann.* Rausgeflogen aus der Akademie der Wissenschaften und der Humboldt-Universität, saß er in Grünheide. Wovon sollte er leben? Florian Havemann, sein Sohn, hat mir erzählt und geschrieben, dass plötzlich ein Mann vorbeikam und behauptete, er stimme so sehr mit Robert Havemann überein. Und dann sagte er, Havemann sei doch Opfer der Nazis gewesen, da gebe es eine Möglichkeit, dass man vorzeitig seine Rente bekäme. Er kenne da einen Professor Soundso, an den würde er sich mal wenden. Das hat Havemann dann auch getan, der Professor erstellte ein Gutachten, und dann bekam er vorzeitig seine Rente. Der Witz ist nur: Den Mann, der seinem Vater den guten Rat gegeben hatte, sah Florian Havemann zufällig wieder. Er ging durch ein Neubaugebiet, und zwar in einem Trainingsanzug des

---

* Robert Havemann, 1910 in München geboren, hatte von 1943 bis 1945 wegen Widerstands gegen die NS-Diktatur im Zuchthaus Brandenburg gesessen. In der DDR arbeitete er als Chemiker und Professor an der Ost-Berliner Humboldt-Universität. Er gehörte der SED an und betätigte sich als Informant der Staatssicherheit, bevor er die Politik der Partei in Vorlesungen zu kritisieren begann. Die Partei schloss ihn 1964 aus, später belegte sie ihn mit einem Berufsverbot und Hausarrest auf seinem Grundstück in Grünheide bei Berlin. Nach Veröffentlichungen im Westen wurde er auch wegen »Devisenvergehen« verfolgt. Havemann starb 1982 in Grünheide.

ASK, also des Armeesportklubs. Das heißt, den freundlichen Helfer hatte die Staatssicherheit geschickt. Also: erst Berufsverbot und dann für die Rente sorgen.

Noch ein Beispiel: Um eine Baustelle am Ostbahnhof wurde ein Schutzzaun gebaut. Bildende Künstler bekamen den Auftrag, solche Zäune zu bemalen. In diesem Fall ging er an Bärbel Bohley, eine der bekanntesten SED-Kritikerinnen, die ständig von der Staatssicherheit überwacht wurde. Glauben Sie im Ernst, dass die Verantwortlichen vom Bahnhof auf diese Idee gekommen sind? Oder die Baufirma? Nein, die Staatssicherheit wusste, sie hat kein Geld mehr, und hat dann wohl so etwas getan.

Das heißt, in einer Diktatur ist es so: Wenn du geheimdienstlich jemanden beobachtest, überwachst, schikanierst und es bekannt wird, bist du gleichzeitig auch zuständig dafür, dass er leben kann. Weil sich das sonst keiner traut. Das alles zu begreifen, in aller Konsequenz, ist nicht leicht, zumal es mit der Bundesrepublik überhaupt nicht zu vergleichen ist.

Aber das Positive, das aus der DDR bleibt, ist die Berufstätigkeit der Frauen zu über 90 Prozent, die Versorgung der Kinder in Tagesstätten und Ferienlagern, der sozial chancengleiche Zugang zu Bildung, Kunst und Kultur, also zum Beispiel die Preise bei Kinokarten, bei Museen, bei Theatern, im öffentlichen Nah- und Fernverkehr. Aber das Negative, das bleibt, ist eine Regulierung deines Lebens von außen, die fremdbestimmte Entscheidung über das, was du wirst oder nicht wirst. Es ist Tatsache, dass du immer eine politische Vorsicht üben musstest und nie voll und ganz das sagen konntest, was du eigentlich dachtest. Also die Einschränkung von Freiheit und Demokratie, was dich letztlich in der Entwicklung hemmt und deine eigene Emanzipation erschwert, dich allerdings rhetorisch schult.

Trotzdem, und dabei bleibe ich, gab es auch mehr Solidarität. Das lag daran, dass wir eine geschlossene Gesellschaft waren. Man konnte ja nicht sagen: Jetzt gehe ich mal eine Woche nach Paris, ich habe gerade die Schnauze voll von zu Hause. Man konnte noch nicht einmal, wenn man in Suhl war, sagen: Ich gehe eine Woche nach Berlin. Das waren ganz andere Strukturen.

Ich war mal beim Geburtstag einer Bekannten, und da saß ein Verwandter von ihr, der Staatssicherheitsoffizier war. Der sagte zu mir: »Sie sind doch Rechtsanwalt?«

»Ja.«

»Wir haben doch so viele Ehescheidungen.«

»Ja.«

»Können Sie mir dafür einen Grund sagen?«

Da sagte ich zu ihm: »Das ist die einzige Abwechslung.« *(Lacht.)*

Ich habe dann weitergeredet und gesagt: »Das Leben ist fest strukturiert. Ich kenne Ihr Leben nicht, aber ich bin sicher, Sie haben seit Jahren die gleiche Frau und die gleiche Wohnung, den gleichen Dienst, es ändert sich doch nichts. Das einzige, womit man dieses Leben wirklich ändern kann, ist eine Scheidung und eine neue Beziehung. Es wird anders gefrühstückt, es gibt andere Bedürfnisse, eine andere sexuelle Beziehung, es ist eine richtige Abwechslung.« Er war leicht entsetzt, das weiß ich noch.

So weit reichte es bei mir immer. Das war ja auch nicht wahnsinnig mutig. Er konnte schließlich nichts damit anfangen, er konnte sich höchstens darüber ärgern. Aber die Konsequenz, die Bahro an den Tag gelegt hatte, die wollte ich nicht an den Tag legen, weil ich das System als Ganzes auch nicht in Frage stellte. Weil ich wollte, dass wir noch einen wirklichen Entwicklungsschub bekommen.

Übrigens: Ich war zwar sicher, dass wir uns in der DDR politisch und rechtlich entwickeln können, das war mir klar. Was ich nicht wusste: Wie kriegt man das ökonomisch hin? So, wie es die Chinesen machen? Also die Ökonomie völlig kapitalistisch zu strukturieren, aber gleichzeitig zu versuchen, eine kommunistische Machtstruktur aufrechtzuerhalten? Ich weiß gar nicht, ob darüber an irgendeiner Universität bei uns geforscht wird, aber ich kann mir nicht vorstellen, wie das auf Dauer aufgehen soll. Wirtschaft und Politik müssen immer eine Einheit bilden. Wenn der Widerspruch zwischen beiden immer größer wird, funktioniert das irgendwann nicht mehr. Die Menschen werden irgendwann Demokratie einfordern. Man braucht dann zum Beispiel unabhängige Gerichte zumindest für die Wirtschaft, sonst funktioniert eine kapitalistische Wirtschaft nicht.

Kurz noch zurück zu Ihrem Vater: Sehen Sie ihn angesichts all dessen heute kritischer als damals?

Meine Erkenntnisse haben doch zugenommen – manches sehe ich aber heute sogar weniger kritisch als damals. Es gibt beides, wenn ich es mir genau überlege. Vorzüge wie die Poesiealben, die Romanzeitschrift oder die Kinderferienlager habe ich damals gar nicht geschätzt. Das war einfach da. Jetzt weiß ich, was es für einen Wert hat. Insofern geht es mir wirklich widersprüchlich. Auf der einen Seite erkenne ich den Wert vieler Dinge heute besser, sehe aber auch die Einschränkungen von Freiheit viel deutlicher. Dass wir zum Beispiel nicht wählen konnten, das war so selbstverständlich, dass man sich kaum noch darüber aufregte.

Ich ärgere mich, dass ich bei der letzten Wahl unter der Herrschaft der SED, der Kommunalwahl im Mai 1989, den Zettel einfach so in die Urne gesteckt habe, per Briefwahl. Ich hätte eigentlich mit Nein stimmen sollen. Aber andererseits war ich der einzige Rechtsanwalt, der beim Generalstaatsanwalt Anzeige wegen Wahlfälschung erstattet hat. Das habe ich damals im Auftrag von Pfarrer Rainer Eppelmann gemacht, dem späteren CDU-Politiker. Übrigens hat mich die Abteilungsleiterin beim Generalstaatsanwalt ungewollt bestätigt: Sie sagte, die Ungereimtheiten, die die Bürgerrechtler beim Beobachten der Wahllokale festgestellt hätten, könnten ja darauf zurückzuführen sein, dass sie die Briefwahl nicht mitrechneten.

Ich antwortete ihr: »Die Briefwahl kann nicht alles erklären. Ich will ja bloß die Wahlunterlagen sehen, wir können doch einfach nachzählen.«

Da sagte sie, dass die leider vernichtet wären, deshalb ginge das nicht mehr.

Ich habe übrigens für Eppelmann noch eine zweite Anzeige erstattet, weil er in seiner Wohnung ein Mithörgerät gefunden hat, hinter einer Steckdose. Das hat er alles fotografiert und ich habe es beim Generalstaatsanwalt eingereicht mit der Begründung, dass es sich um eine strafrechtlich relevante Verletzung des Rundfunkgesetzes handelte. Aber sie konnten den Täter nicht finden! Sie haben sich – ironisch gesprochen – wahnsinnig viel Mühe gegeben, aber sie haben ihn nicht gefunden. Wir wussten beide, dass sie den nicht fassen wollen und werden, aber allein der Vorgang, Anzeige zu erstatten, sodass sie formal ein Ermittlungsverfahren einleiten mussten, natürlich ohne Ergebnis – das war schon etwas wert. Du wusstest dann genau, dass es bei ihnen interne Auseinandersetzungen geben würde.

Friedrich Schorlemmer hat 1983 in Wittenberg, wo er Pfarrer war, mal ein Schwert zur Pflugschar umschmieden lassen. Die Staatssicherheit dachte immer, er habe etwas anderes »Schreckliches« vor. Ich habe ihn später gefragt, ob er mal in den Akten nachgeschaut habe, ob der Chef der Bereichsdienststelle der Staatssicherheit einen Riesenärger bekommen habe.

»Ja«, sagte Schorlemmer, »da war etwas los!«

Ich will die Leute nicht entschuldigen, aber wenn man einmal den falschen Weg zur Staatssicherheit gegangen war, dann hatte man diesen Druck. Mir haben zum Beispiel Leute erzählt, die angeworben werden sollten und sich nicht darauf einließen, dass sie sich damals gefragt haben, ob sie sich jetzt alle Chancen verbaut hätten – und wie zufrieden sie heute mit sich sind.

Jetzt habe ich mich in die alte Zeit fallen lassen, Sie müssen mich da wieder rausholen!

Stasi? Nein, Zentralkomitee!

Ja, gleich, aber da ist noch die Stasi-Frage, auch wenn sie Ihnen vielleicht noch mehr zum Hals heraushängt als mir.

Sie müssen mich das fragen, damit Ihnen keiner vorwerfen kann, nicht gefragt zu haben. Ich mach's kurz. Was zunächst einmal viele nicht wissen, ist die Tatsache, dass die Staatssicherheit eine Untersuchungsabteilung hatte. Diese Abteilung war eine Polizei und hatte die gleichen Rechte. Es gab vier Ermittlungsorgane in der DDR: die Volkspolizei, einschließlich der Kriminalpolizei; dann die Transportpolizei, eine eigene Organisation, die mit der Volkspolizei nichts zu tun hatte; drittens die Zollverwaltung, auch ein Ermittlungsorgan; und schließlich die Untersuchungsabteilung des Ministeriums für Staatssicherheit. Was übrigens ein großer Fehler ist: Du darfst einem Geheimdienst niemals eine solche Befugnis geben! Aber es war so.

Natürlich hatte ich, wenn ich in einem Ermittlungsverfahren verteidigte, einige Kontakte zur Polizei, zur Transportpolizei, zur Zollverwaltung oder eben zur Untersuchungsabteilung des Ministeriums für Staatssicherheit. Es kam hinzu, dass der Staatsanwalt anordnen durfte, dass ein Vernehmer, solange das Ermittlungsverfahren dauerte, an meinem Gespräch mit dem Mandanten in Untersuchungshaft teilnimmt. Der konnte sogar anordnen, dass ich zwar mit meinem Mandanten sprechen darf, aber nicht über die Beschuldigung.

Im letzten Kommentar zur Strafprozessordnung – das war der erste, bei dem wir Anwälte mit hinzugezogen wurden – durfte ich den Text zu dieser Regelung schreiben, und da steht drin, dass das unzulässig ist.

Ich hatte nachgefragt: »Darf ich die Beschwerde gegen den Haftbefehl für meinen Mandanten schreiben?«

Sie antworteten: »Ja.«

Ich: »Wie soll ich das, wenn ich mit ihm nicht über die Beschuldigung sprechen darf?«

Sie kamen aus ihren Widersprüchen nicht heraus! Und wieso nimmt der Vernehmer überhaupt am Mandantengespräch teil? Ich hielt das für eine Frechheit.

Man hat also selbstverständlich Gespräche geführt, wenn die Untersuchungsabteilung der Staatssicherheit ermittelte. Insofern gab es natürlich Kontakte, das ist völlig unbestritten. Aber was mir immer unterstellt wurde – dass ich inoffiziell mit denen zusammengearbeitet hätte und zwar gegen meine Mandanten –, das ist völliger Blödsinn.

Wenn man sich das nämlich genau ansieht, stellt man einige Tatsachen fest.

Erstens: Es gibt bei der Staatssicherheit nicht einen einzigen Buchstaben von mir, keine Zeile, keine Unterschrift, gar nichts.

Zweitens: Es gibt nicht ein einziges Protokoll über ein Gespräch mit mir.

Drittens: Immer wurde nach der Wende gesagt, dass das bürokratische Handwerkszeug der Staatssicherheit stimmte. Weil die keinen Grund hatten, sich selbst zu belügen. Und dieses Handwerkszeug gibt eine klare Auskunft: Sie hatten einen IM-Vorlauf, um zu prüfen, ob ich als Inoffizieller Mitarbeiter geeignet bin. Der endet mit der Feststellung, dass ich ungeeignet bin, und dann wurde der Vorlauf archiviert. Danach haben sie eine operative Personenkontrolle gegen mich eröffnet, mich also zum Gegenstand ihrer Beobachtung gemacht. Wozu sollten sie das machen, wenn sie die ganze Zeit inoffiziell mit mir zusammengearbeitet hätten? Der

Rechtsanwalt Wolfgang Vogel war viel berühmter als ich, und er war als IM erfasst. Wieso sollten sie nur mich durch alle möglichen Tarnungen schonen? Wegen der Entwicklung danach? Die konnten sie auch nicht einschätzen, als sie 1986 die operative Personenkontrolle gegen mich eröffneten.

Viertens: Es gab noch etwas anderes, und da zeigt sich wieder das mangelnde Verständnis von der DDR: Ich blieb zum Beispiel auch in der Partei, um Kontakte zum Zentralkomitee zu haben, denn anders konnte ich Leuten wie Bahro gar nicht helfen. In einer Mordsache brauchte ich die Partei und sie mich nicht, da musste ich den juristischen Weg gehen. Aber wenn es vermeintlich oder wirklich um politische Machtfragen ging, dann war immer das Ende des Rechts gekommen. Da war eine politische Lösung nötig. Juristische Argumente halfen kaum weiter.

Und jetzt werde ich Ihnen etwas schildern – das ist aber heute auch nicht anders. Wenn ich zur Abteilung Staat und Recht des ZK der SED ging, und ich wollte, dass mein Mandant Bahro entlassen wird, musste ich denen nicht erklären, dass das zum Vorteil meines Mandanten war. Das ahnten sie. Ich musste denen klarmachen, weshalb es zu ihrem Vorteil war. Das war die eigentliche Schwierigkeit. Und wenn man die Machtverhältnisse in der DDR kannte, dann war klar, dass das ZK entschied, wohin welche Informationen gingen, nicht ich. Wenn ich parallel zu gleichen Fragen Kontakte zur Staatssicherheit aufgebaut hätte, hätten die ZK-Leute kaum noch mit mir geredet. Sie hätten gesagt, entweder du informierst uns, oder die Dritten oder die Vierten. Aber sie waren die Mächtigsten, nicht die Staatssicherheit.

Deshalb habe ich den Weg über die Partei gewählt. Und so kann ich sogar zusätzlich erklären, weshalb es wichtig war, dass ich in der Partei blieb. Sonst wäre der Weg verschlossen gewesen. Das ist natürlich auch ein bisschen eine Ausrede für mich, aber immerhin eine ganz gute. So konnte ich mich einsetzen für Bahro, für Havemann und für andere.

Und da wir schon bei Havemann sind: Jetzt erkläre ich Ihnen, was ich für ihn erreicht habe. Havemann hatte Hausarrest, er hatte Hausdurchsuchungen, er hatte Beschlagnahmungen, er hatte ein Strafverfahren, er hatte Ordnungsstrafverfahren und so weiter. Nachdem ich seine Vertretung übernommen habe, gab es kein neues Strafverfahren, kein neues Ordnungsstrafverfahren, keine Hausdurchsuchungen und keine Beschlagnahmungen mehr, und der Hausarrest wurde aufgehoben. Setzen Sie das mal alles durch! Dazu musste ich den Mitarbeitern der Abteilung Staat und Recht des ZK der SED einreden, weshalb das zum großen Vorteil von Erich Honecker und der DDR ist. Das ist die eigentliche Kunst, und das lasse ich mir auch nicht ausreden. Ich bin sogar ein bisschen stolz darauf, dass ich das geschafft habe.

Ich habe den Eindruck, dass vor diesem Hintergrund die Debatte vollständig daneben läuft, indem sie sich ausschließlich auf die Frage nach der inoffiziellen Stasi-Mitarbeit konzentriert. Finden Sie nicht, dass man Sie viel besser angreifen könnte, wenn man Ihnen genau das vorwerfen würde, was Sie eben geschildert haben?

Ja. Dann würde ich das zwar verteidigen, aber das wäre dann eine inhaltliche Auseinandersetzung. Die hat ja nie stattgefunden. Aber jetzt schildern Sie mir doch mal einen Sachverhalt, was ich von meinen Mandanten verraten haben soll.

Ich kann mich nicht erinnern.

Sehen Sie.

Ich kann mich aber erinnern, dass Ihnen vorgeworfen wird, umgekehrt im Auftrag der Staatsorgane Bahro zur Ausreise gedrängt zu haben.

Diejenigen, die mir das vorgeworfen hatten, haben es längst zurückgenommen, weil sie festgestellt haben, dass das Blödsinn ist. Er selbst hat es auch bestritten. Es war seine eigene Entscheidung, ich hatte damit gar nichts zu tun. Aber das Interessante in diesem Zusammenhang ist Folgendes: Bei denen, die wirklich Inoffizielle Mitarbeiter waren, haben sich auch Beispiele für diese Tätigkeit gefunden. So gab es etwa bei Wolfgang Schnur den Fall, dass die Staatssicherheit durch ihn eine Akte bei seinen Mandanten gefunden hat, weil er ihnen gesagt hat, wo sie liegt. Nichts dergleichen gibt es bei mir, nicht mal als Anschuldigung!

Man hätte mit mir diskutieren können, ob es richtig war, zum ZK zu gehen, bloß: Havemann hat mich ja dafür gelobt. Das haben mir seine Kinder schriftlich bestätigt. Ich war wieder sein erster Mittelsmann zur Partei. In früherer Zeit hatte er noch selbst Zugang gehabt, konnte zum Beispiel mit dem Politbüro-Mitglied Kurt Hager reden. Aber als ich ihn vertrat, gab es diese Kontakte nicht mehr.

Diese Konstruktion war übrigens für beide Seiten reizvoll. Die SED hatte jemanden, über den sie Havemann etwas ausrichten konnte, und ich durfte dann seine Antwort überbringen. Verstehen Sie, da bin ich manchmal wie ein Dackel hin- und hergefahren. Aber gleichzeitig musste ich ihnen bestimmte Sachen ausreden, und da war ich nicht ganz erfolglos, weil ich sagte: »Was habt ihr denn davon? Was hat das Strafverfahren gebracht? Eine negative Presse im Westen. Lasst ihn doch einfach zufrieden, mein Gott.«

Einmal wollten sie Havemann sogar zum Tag der Befreiung des Zuchthauses Brandenburg einladen, in dem er zusammen mit Honecker gesessen hatte. Und wer hat die Einladung überbringen müssen? Ich wieder. Weil sie ja sonst keinen hatten.

Nach Ihrer Logik könnten Sie doch auch sagen: Wenn es Ihrem Mandanten besser gedient hätte, IM zu sein, dann hätten Sie auch IM sein können.

Ja. Aber das wäre deshalb nicht gegangen, weil ich ja Anwaltspflichten hatte. Wäre ich IM gewesen, dann hätte das bedeutet, ich hätte es den Mandanten nicht sagen dürfen. Und damit hätte ich erstens sogar Strafgesetze verletzt, weil ich die anwaltliche Schweigepflicht gebrochen hätte, und zweitens hätte ich mit den Mandanten nicht offen darüber reden können. Das hätte meine Möglichkeiten ungeheuer eingeschränkt. Wenn ich aber offen gesagt hätte, ich gehe zur Staatssicherheit, dann wäre ein Misstrauen entstanden, das hätte sich für meine Mandanten nicht gelohnt.

So aber hatte ich offiziell Kontakt zum ZK und damit drei Vorteile. Erstens: Ich konnte etwas für meine Mandanten erreichen. Nicht immer, aber oft. Ermittlungsverfahren wurden eingestellt, Ausreisewillige in den Westen entlassen und so weiter. Zweitens: Ich beging rechtlich keinen Fehler, ich konnte meinen Mandanten sagen, mit wem ich rede, habe es ihnen gesagt, tat es in ihrem Auftrag. Und drittens: Ich fühlte mich viel wohler. Wenn ich zum Geheimdienst gegangen wäre, wäre mir das unheimlich gewesen. Und wenn ich wirklich dahin gegangen wäre, dann hätte man auch die Unterlagen dazu gefunden.

Wissen Sie, warum die politischen Gegner bei mir nicht lockergelassen haben? Ich glaube, das ist ideologisch. Wäre ich in der CDU oder in der SPD gewesen, dann wäre die Sache erledigt gewesen, sobald ein Gericht mir Recht gegeben hätte. Das ist mehrfach geschehen. Aber ich war nun mal in der PDS, bei den Linken, und da wollten sie das nicht wahrhaben.

Sie sehen das jetzt bei der Hamburger Staatsanwaltschaft. Da bezichtigt mich jemand der falschen eidesstattlichen Versicherung wegen meiner Formulierung »Ich habe zu keinem Zeitpunkt über Mandanten oder sonst jemanden wissentlich und willentlich an die Staatssicherheit berichtet«. Drei Staatsanwälte wollten das Verfahren einstellen. Nicht nur der Bearbeiter, sondern auch sein Hauptabteilungsleiter und sein Chef. Nur der Hamburger Generalstaatsanwalt, der aus Bayern kommt, hat zweimal verlängert, um ein halbes Jahr, um weiter zu ermitteln. Schließlich hat der Bearbeiter gesagt, nee, er stelle jetzt ein.

Jetzt spitzte sich das natürlich zu. Der Generalstaatsanwalt wollte es nicht selber machen, das wäre ja völlig unverhältnismäßig gewesen. Also hat er seinem Staatsanwalt die Weisung erteilt, mich anzuklagen, und dachte wohl, damit sei der Fall in seinem Sinne erledigt. Aber die Staatsanwälte wehren sich weiter und gehen bei der Justizbehörde gegen den Generalstaatsanwalt vor. Die Behörde hat nun die Weisung des Generalstaatsanwalts aufgehoben.

Wie weiter? Der Ausstieg, die Gründe und die Folgen

Gehen, wenn es am schönsten ist

Hat Ihr Ausstieg etwas damit zu tun, dass die Auseinandersetzung über die Vergangenheit bis heute nicht ausgestanden ist?

Nein. Wenn das mein Motiv gewesen wäre, dann hätte ich ungefähr vor zwanzig Jahren gehen müssen. Außerdem: Für mich ist es ausgestanden. Nein, das hat etwas mit meiner inneren Struktur zu tun, mit meiner Entwicklung, es hat etwas mit meiner Fraktion zu tun, und es hat auch etwas mit meiner grundlegenden Erkenntnis zu tun, dass es das Schlimmste an einer Diktatur ist, dass es keinen demokratischen Wechsel gibt. Du kannst auch in der Demokratie eine Abhängigkeit von dir organisieren, die dazu führt, dass es keinen demokratischen Wechsel gibt.

Zum Beispiel Kohl als Chef der CDU und als Kanzler: Da gab es jahrelang keine Alternative, niemanden. Einmal, bei einem Parteitag, gab es den schwachen Versuch, Kohl abzulösen, so einen kleinen »Putschversuch«, wie es immer heißt. Dabei ist das doch kein Putsch! Das war ja völlig legitim, dass einige in der CDU versuchten, mal jemand anderen zu wählen. Das ist schon interessant, wie man plötzlich einen normalen demokratischen Vorgang wie den Vorschlag, jemanden abzuwählen, als Putsch bezeichnet.

Eine solche Situation wollte ich jedenfalls nicht. Ich habe ja meine Entscheidung im Mai 2013 verkündet, die haben bloß nicht daran geglaubt. Und wurden erst im April und Mai 2015 stutzig, weil ich immer bei meiner Entscheidung geblieben bin.

Intern verkündet ...

Ja, wir waren in einem Restaurant essen. Oskar Lafontaine war dabei und andere, und ich habe ihnen gesagt: »Passt auf, ich habe den Hauptanteil am Wahlkampf 2013, deshalb werde ich anschließend zum Fraktionsvorsitz kandidieren. Ich mache das nicht zusammen mit jemand anders, da könnt ihr hier reden, was ihr wollt, aber zwei Jahre später, wenn die erste Wahlperiode im Fraktionsvorsitz endet, kandidiere ich nicht mehr. Dann bin ich 67 und dann höre ich auf.«

Jetzt muss ich nachfragen: Was hat das Aufhören mit Ihrer Fraktion zu tun?

Es hat mit meiner Fraktion insofern zu tun, als ich ja immer versucht habe, die unterschiedlichen Flügel vermittelnd zu einer gemeinsamen Politik zu bewegen. Die Frau Maischberger hat mich in einer ihrer Sendungen mal gefragt, warum ich nach meiner Rede beim Parteitag in Göttingen 2012* nicht gegangen bin, bei der ich ja von Hass in der Fraktion gesprochen hatte. Und ich habe gesagt, dass ich da gerade nicht gehen wollte. Es herrschten starke Konflikte, da wollte ich eine Veränderung erreichen. Und so würde ich mich auch nie von der Partei aus einer solchen Funktion verabschieden.

Im Augenblick sieht es anders aus: Ich bin seit Wochen und Monaten so beliebt in meiner Fraktion, wie ich es noch nie war. Das ist

---

* Siehe die Dokumentation der Rede auf Seite 179 ff.

allerdings auch kein Wunder, wenn man so eine souveräne Entscheidung trifft. Ich tue ja niemandem mehr weh in dem Sinne. Und ich hoffe, dass sie es schaffen. Ich hoffe, dass sie die Politikfähigkeit ausbauen und sich nicht verhaken. Garantieren kann ich es natürlich nicht. Aber deshalb kam ja der Vorschlag, Sahra Wagenknecht und Dietmar Bartsch gemeinsam an die Spitze zu wählen, auch von mir. Allerdings müssen beide eines sehen: Sie brauchen einen Kompromiss für die Fraktion und die Partei, nicht für sich. Das ist ein großer Unterschied.

Ich sage Ihnen noch etwas zu meinen Motiven. Wissen Sie, meine Schwester und ich unterscheiden uns in einem Punkt grundlegend: Sie sehnt sich immer nach der Zeit, die vergangen und abgeschlossen ist. Ich nicht. Als ich nicht mehr zur Schule ging und studierte, wollte ich nicht zur Schule zurück. Als ich nicht mehr studierte, wollte ich nicht an die Uni zurück. Nur mit einer Sache bin ich unzufrieden, da bin ich widersprüchlich und kann mich nicht leiden: Wenn ich in der Politik bin, arbeite ich am Zeitgeist. Aber ich kann ja Frau A oder Herrn B nicht helfen. Als Anwalt kann ich gelegentlich Frau A und Herrn B helfen, aber das ändert nichts am Zeitgeist.

Dafür habe ich zwei Lösungen gefunden. Zum einen bin ich eben doch wieder Anwalt und kann damit das eine oder andere erreichen. Und zum anderen: Wenn Hartz-IV-Empfängerinnen und -Empfänger mich anschreiben und sich beschweren über das Jobcenter, dann schreibe ich als Bundestagsabgeordneter immer dem Jobcenter, und in der Hälfte der Fälle hat das Erfolg. Das ist für mich ein schönes Erlebnis. Es macht viel Arbeit, ehrlich gesagt, aber ich mache es gern. Und da sich das herumgesprochen hat, schreiben mich immer mehr an, das ist dann irgendwann kaum noch zu schaffen. Schon gar nicht als Fraktionsvorsitzender.

Gregor Gysi nach seiner Abschiedsrede und seinem Rücktritt als Parteivorsitzender auf dem PDS-Bundesparteitag 1993 in Berlin.

»Ich freue mich auf den neuen Lebensabschnitt«

Vielleicht hat man Ihnen den Ausstieg 2015 nicht recht geglaubt, weil man ja schon etwas mit Ihnen erlebt hat: die Rücktritte von den Rücktritten. Mir kommt das manchmal vor wie ein Junkie, der mal aufhört und dann doch wieder rückfällig wird. Vor Ihrem ersten Rücktritt vom Fraktionsvorsitz, im Jahr 2000, haben Sie von einer »Lebensentscheidung« gesprochen. Sie haben das sicher geglaubt, nur, die Lebensentscheidung hat nicht allzu lang gehalten.

Da muss ich Ihnen widersprechen, das sehe ich anders.

Haben Sie nicht das Gefühl, dass Sie rückfällig geworden sind?

Nein. Erstens bin ich, abgesehen von einer Ausnahme, nie zurückgetreten. Sondern ich habe immer nur gesagt, dass ich nicht wieder kandidiere. Das ist ein Unterschied. Einmal bin ich zurückgetreten als Berliner Bürgermeister und Senator, das stimmt. Ich habe 1993 rechtzeitig angekündigt, dass ich nicht wieder Parteivorsitzender werde, und ich habe 1999 angekündigt, dass ich nicht wieder für den Fraktionsvorsitz im Bundestag kandidiere. Da habe ich aber nicht gesagt, dass ich nicht in einer rot-roten Koalition mit Klaus Wowereits SPD Senator werde. Für mich war es sogar eine Lösung, dass ich in die Berliner Landespolitik ging und dort als Bürgermeister und Senator agierte und damit raus war aus der Bundestagsfraktion. Dann kam 2001 der Rücktritt wegen eines Fehlers, den ich begangen hatte, das war die Geschichte mit den privat genutzten Bonusmeilen von dienstlichen Flügen. Damit wurde ich wieder Anwalt, und das wäre ich auch geblieben. Ich wäre gar nicht wieder in die Politik zurückgegangen, wenn nicht Oskar Lafontaine gekommen wäre.

Wir hatten zusammen eine Veranstaltung in Potsdam, und er sagte, er wolle noch die Wahl in Nordrhein-Westfalen im Mai 2005 abwarten. Er befürchte, dass Schröder bei einer Niederlage auf Neuwahlen im Bund setzen werde. Dann werde er, Lafontaine, die SPD verlassen und sei bereit, zu uns zu kommen – vorausgesetzt, die PDS und die im Westen neu entstandene linke WASG vereinigen sich und wir ändern den Namen. Aber er fügte hinzu, er werde das nur tun, wenn ich mitmache. Sonst werde er es gleich bleiben lassen.

Das ist natürlich eine gewaltige Verantwortung. Ich war vollkommen raus aus der Politik, aber nach einigem Nachdenken kam ich zu dem Schluss: Dieses Anliegen ist mir zu wichtig. Wenn Oskar Lafontaine kommt und will eine Vereinigung mit der WASG hinbekommen, dann hört das Absterben der PDS auf – die ja hätte absterben müssen, weil die Rolle als ostdeutsche Interessenvertrete-

Gregor Gysi mit Sabine Christiansen, Guido Westerwelle, Franz Müntefering und Roland Claus bei seiner ersten Verabschiedung als Fraktionsvorsitzender im Jahr 2000.

rin nicht mehr ausreichte und sie in den alten Bundesländern kaum Akzeptanz hatte. Nur über diese Vereinigung haben wir es schließlich hinbekommen, dass wir eine bundesweite Relevanz erreicht haben.

Insofern ist das für mich kein Rückfall. Es war eine völlig neue Situation unter völlig neuen Bedingungen, und Lafontaine hat all das auch an meine Person gebunden, alle anderen genügten ihm nicht. Auch wenn es dann später zwischen uns zu Widersprüchen kam.

Jetzt bin ich 67, und es gibt kein Zurück. Davon können Sie ausgehen. Jetzt ist die nächste Generation dran, und vor allem: Ich bereite ja für mich alles vor. Ich werde sicher ein paar ganz neue Dinge tun, ich bleibe natürlich zunächst im Bundestag, ich werde meine Anwaltstätigkeit etwas ausbauen, ich werde eine Autobiografie schreiben – Sie sehen, ich bin in vielfacher Hinsicht tätig. Und noch etwas, das noch gravierender ist im Unterschied zu damals: Ich freue mich auf den neuen Lebensabschnitt.

»Wenn ich bei Jauch bin, ist der Sonntag versaut.«

Als Sie »draußen waren«, wie Sie sagen, also 2002 bis 2005: Gab es da so etwas wie Entzugserscheinungen?

Zu meinem Erstaunen hatte ich festgestellt: Ich kann auch ohne Rundfunk und Fernsehen leben. Ich brauchte den Bundestag nicht, weil mich das zum Teil auch nervte. Ich glaube nicht, dass ich an dieser Krankheit wirklich leide. Natürlich bin ich auch eitel, das weiß ich, aber da finde ich andere Wege. Die Reaktionen der Medien sind unterschiedlich. Es gibt Politiker, an denen jedes Interesse verlorengeht, wenn sie aus dem Amt sind. Da ist das Interesse nur an das Amt gekoppelt. Das war bei mir anders: Ich war raus aus dem Amt, aber das Interesse blieb.

Eines werde ich nie vergessen: Nach meiner Gehirnoperation im Jahr 2004 und nach der Reha hatte ich meinen ersten öffentlichen Auftritt: Ich sprach im Deutschen Theater in Berlin mit Alfred Hrdlicka. Und vorne sitzt eine ganze Reihe voll mit Journalistinnen und Journalisten. Die wollten natürlich alle nur sehen, welche Macke ich jetzt habe, das ist klar. Nein, die Neugier war geblieben, und insofern kann ich mich nicht beklagen.

Sie setzen also darauf, dass Ihre mediale Präsenz nicht aufhört.

Na ja, ehrlich gesagt, auch wenn Sie mir das nicht glauben werden: Ich gehe nicht gern in Talkshows. Höchstens, wenn sie vom Thema her ganz unbeschwert sind. Es ist immer anstrengend: Ich weiß vorher nicht, um welche Fragen es konkret geht, so ist eine Vorbereitung kaum möglich. Es gab Talkshows, die ich gut gemeistert habe, und bei anderen war ich schlecht. Da war ich höchst unzufrieden mit mir. Wenn ich am Sonntagabend bei Günther Jauch eingeladen bin, ist der Sonntag versaut. Ich komme nie richtig zur Ruhe, weil ich ja weiß, dass ich abends dorthin muss.

Außerdem weiß ich inzwischen, was ich kann und was nicht. Ich kann zum Beispiel keine eigene Talkshow machen. Ich habe das ja mal drei Sendungen lang versucht und bin dann rausgeflogen beim MDR, allerdings nur auf Geheiß der Politik. Wenn ich dort sitze und in Zeiten denken muss; wenn ich also daran denken muss, dass der eine zu Wort kommt und der andere auch, dann kann ich mich nicht mehr richtig für den Inhalt interessieren. Da ich aber jemand bin, dem es um Inhalte geht, kriege ich das nicht gebacken.

Was ich kann: Einzelgespräche führen. So wie es schon in den sechziger Jahren Günter Gaus, der ja später unter Willy Brandt Ständiger Vertreter der Bundesrepublik in der DDR wurde, mit seiner Reihe »Zur Person« gemacht hat. Deshalb mache ich diese Matineeveranstaltungen im Deutschen Theater. Da habe ich einen Gast, mit dem ich eineinhalb bis zwei Stunden spreche, und zum Erstaunen aller stelle ich fast nur Fragen und kommentiere kaum mal etwas. Es geht immer um den Gast, um seine Entwicklung und seine Sichtweisen. Das ist so spannend, wenn Sie auf diese Weise das Leben von Daniel Barenboim erfahren, von Mario Adorf oder auch von Hape Kerkeling oder Thomas Gottschalk! Oder auch von Volker Kauder. Sie alle waren meine Gäste, dazu Jutta Limbach, Senta Berger und viele andere. Wenn ich Ihnen die Liste zeigte, ich hoffe, Sie würden staunen! Ich habe nämlich auch gestaunt, wer alles kommt.

Wissen Sie, wen ich nicht bekommen habe? Loriot, und das hat mich geärgert. Ich glaube zu wissen, warum er nicht gekommen ist. Loriot wurde einmal im Fernsehen nach dem Eisernen Kreuz gefragt, das er als junger Oberleutnant im Zweiten Weltkrieg bekommen hatte. Er antwortete etwas wie: »Ich will darüber nicht mehr sprechen, die Zeit ist abgeschlossen.« Es hat ihm übrigens nie jemand unterstellt, ein Nazi gewesen zu sein, dafür gibt es kein Anzeichen. Der Moderator fragte immer wieder nach, bis Loriot antwortete: »Na gut, ich habe ein paar Soldaten das Leben gerettet, das war's.«

Bei mir dachte er sicher, dass ich einer wäre, den in erster Linie diese Geschichte interessierte. Wenn er mir das gesagt hätte, hätte ich geantwortet: »Hören Sie zu, das interessiert mich so gut wie gar nicht. Was mich interessiert, ist Ihre Sicht auf den Alltag. Woher Sie das nehmen, dass sich jeder in Ihren Filmen wiederfindet.« Wenn er etwa die Treppe heruntergeht und zu seiner Frau sagt: »Wo ist denn mein Dingsda?« – das bin original ich. Und wenn seine Frau antwortet: »Wo du es hingelegt hast.« – das war original meine Frau. Ich fragte scherzhaft: Woher kennt der uns beide? Das hat etwas Geniales, diese Dinge so registrieren zu können. Aber wenn ich ihm gesagt hätte, dass ich ihn nach diesem und jenem nicht fragen will, dann hätte er sicher geantwortet, darum sei es ihm doch gar nicht gegangen. Ich hätte es nicht hinbekommen.

Das wäre doch etwas: mit den Gesprächen im Deutschen Theater ins Fernsehen zu gehen.

Ich wollte nur sagen: Ich bin inzwischen in einem Alter, wo ich weiß, was ich kann und was ich nicht kann.

Sie sagen aber jetzt nicht, dass Sie nie wieder sonntags in eine Talkshow gehen.

Nein, das sage ich nicht, das kann schon passieren. Aber das Interesse wandelt sich. Wenn es nicht um konkrete Politik geht, sondern mehr um allgemeinere Themen, dann habe ich ja gar nichts dagegen. Viele Leute wollen ja auch, dass ich politisch aktiv bleibe – wegen meines Stils, wegen meiner Art. Aber ich kann selbstverständlich nicht mehr so häufig im Bundestag sprechen. Zu besonderen Anlässen schon, aber ansonsten müssen das die neuen Fraktionsvorsitzenden machen.

Wenn ich Verantwortung abgebe, dann will ich sie auch wirklich abgeben. Ich kenne Leute, die das nicht können, und das hat Folgen. Die will ich nicht erleben.

Reif für den Westen?
Ein bürgerlicher »Ossi« und die deutsche Einheit

»Wir hatten Besuch, wie es ihn sonst nicht gab«

Wenn man Sie seit 1989 erlebt hat und hätte es nicht gewusst, dann hätte man nie im Leben gedacht, dass Sie ein »Ossi« sind. Woher kommt dieses kulturell Westliche an Ihnen und Ihrer Familie?

Meine Mutter hatte vor 1933 schon ein Jahr in Südafrika gelebt, und sie war ebenfalls für ein Jahr in Großbritannien. Mein Vater war viel in Frankreich und in Belgien. Meine Mutter sprach natürlich perfekt Deutsch, Russisch ebenso, außerdem sehr gut Englisch und Französisch. Mein Vater sprach auch ganz gut Englisch und Französisch, allerdings kein Wort Russisch. Sie waren durch die Welt gekommen, und sie hatten viele Freunde in anderen Ländern.

Als ich ein Kind war, war die Grenze ja noch offen. Aber das Privileg der Kindheit bestand, glaube ich, für meine Schwester und mich darin, dass wir auch nach dem Mauerbau Besuch hatten, den es sonst in der DDR nicht gab. Ich erinnere mich an Besucher aus Südafrika und den USA, und wir hatten relativ viele Gäste aus Frankreich, Belgien und Großbritannien. Da gab es zum Beispiel einen Briten, der großen Wert darauf legte, kein Engländer, sondern Schotte zu sein, das hat er mir erklärt. Dadurch habe ich Dinge erfahren, die andere nicht mitbekommen konnten.

Dann war da auch noch meine Großmutter aus Paris, die uns relativ regelmäßig ein-, zweimal im Jahr besuchte. Sie hat mir das Leben in Frankreich und anderswo im Westen so anschaulich erklärt. Außerdem herrschte bei uns ein gewisser Humor, auch eine bestimmte Liberalität.

Schließlich kommt hinzu, dass ich später als Rechtsanwalt lernen musste zu reden. Ich musste mindestens doppelt so gut sein wie der Staatsanwalt, wenn ich eine Chance haben wollte. Da hat es mir geholfen, dass ich auch als Kind schon gefordert war, denn mein Vater konnte sehr gut reden.

Dann durfte ich ja – auch dadurch hatte ich bei der Wende schon einen Vorsprung – 1988 das erste Mal und dann häufiger dienstlich in den Westen fahren. Ich hatte bis dahin nie dieses Privileg gehabt, und bestimmte andere Vorteile auch nicht. Ich habe nie im ZK-Heim Urlaub gemacht oder im Regierungsheim. Ich durfte auch meinen Vater nicht in Rom besuchen.

Hongkong und die Idee mit dem Geld

Sie verehren Ihren Vater bis heute?

Ja, klar. Seinen Humor, seine Toleranz. Er war ja auch richtig nett zu meiner Schwester und mir. Dadurch, dass er nach der Scheidung von meiner Mutter weiterhin das Umgangsrecht mit uns pflegte, haben wir vieles durch ihn kennengelernt. Wir sind ins Kino gegangen und ins Theater, in den Friedrichstadtpalast. Wir sind auch essen gegangen, und zwar in besondere Restaurants.

Aber worauf ich hinaus will: Durch diese Erfahrungen, durch den Besuch und auch dadurch, dass meine Mutter ständig reiste – nach Frankreich, nach Japan und so weiter – und uns davon erzählte …

Sie durfte immer reisen?

Immer. Mehr als mein Vater. Das Privileg meiner Mutter war, dass sie immer einen Job hatte, in dem sie reisen musste. Natürlich nicht einfach so, wie sie wollte, sondern es hing immer mit ihrem Dienst zusammen. Sie war im Kulturministerium Leiterin des Sektors Kulturelle Beziehungen zum kapitalistischen Ausland, und dann wurde sie Leiterin der Abteilung Kulturelle Beziehungen zum Ausland insgesamt, da waren dann also auch die Sowjetunion und der ganze Osten mit dabei. Später war sie unter anderem für die UNESCO zuständig, dadurch hatte sie immer ihre Reisen nach Paris.

Ich glaube, meine Mutter war die einzige DDR-Bürgerin oder eine der ganz wenigen, die mal in Hongkong gelandet ist. Sie hat mir erzählt, dass es dort eine Bank gab, in der der Kurs zur Mark der DDR und zur D-Mark fast gleich war. Da habe ich gesagt: »Mensch, da machen wir doch Folgendes: Wir nehmen irgendwoher eine Million D-Mark, tauschen sie in West-Berlin in fünf Millionen Ost-Mark, dann fliegen wir nach Hongkong, tauschen das in ungefähr viereinhalb Millionen West-Mark, dann fliegen wir wieder nach West-Berlin …« Die Idee fand sie auch gut. *(Lacht.)*

Das alles hat uns geprägt. Und dann natürlich mein eigener Besuch in Paris, 1988. Da ist übrigens etwas Erstaunliches passiert: Ich kam zu meinem Vortrag über den Grad der Verwirklichung der Menschenrechte in der DDR und hatte einen weißen Zettel dabei, auf dem stand »Geschichte«. Da sagte der stellvertretende Leiter des Kulturzentrums der DDR in Paris zu mir: »Wo ist denn Ihr genehmigter Vortrag?«

Ich hielt ihm den Zettel hin und sagte: »Da.«

Er: »Das ist doch nicht Ihr Ernst!« Er konnte nicht glauben, dass ich keinen genehmigten Text hatte.

Ich sagte: »Nennen Sie mir mal jemanden, der einen Vortrag in Paris über den Grad der Verwirklichung der Menschenrechte genehmigt!«

Der Mann wurde ganz blass. Ein ungenehmigter Vortrag, das kannte er nicht. Dann fragte er: »Warum steht da das Wort Geschichte?«

Und ich sagte: »Ich wollte erst zur Geschichte reden, damit ich nicht so schnell zur DDR kommen muss.«

Ganz ähnlich ging es mir übrigens schon Jahre vorher bei meiner Berufung in der Strafsache Havemann. Er hat sie gelesen und gesagt: »Die ist ja richtig gut.«

»Hm«, sagte ich, »ich habe mir auch Mühe gegeben.«

Dann sagte er: »Wer hat Ihnen die denn genehmigt?«

Und ich: »Lieber Professor Havemann, zeigen Sie mir mal denjenigen, der das genehmigt.«

Da sagte er: »Stimmt, da haben Sie Recht.«

Völlig absurd! Zum Glück habe ich eine Zeugin dafür, dass ich die Berufungsschrift selbst geschrieben habe. Ich hatte sie nämlich jemandem in die Schreibmaschine diktiert. Sonst glaubt einem so etwas heute keiner mehr.

Und noch ein drittes Beispiel: Im März 1989 gab ich dem *Spiegel* ein Interview, und diesmal wollte ich es abstimmen. Ich dachte: Oh Gott, den *Spiegel* liest ja das ganze Politbüro, das kann dir alles auf die Füße fallen. Ich habe also beim ZK der SED in meiner Abteilung Staat und Recht angerufen, ich hatte ja bloß 24 Stunden, um das Interview zu autorisieren – und dann hatte beim ZK keiner Zeit! Keine Chance. Die werden sich gedacht haben: »Hier *(tippt sich an die Stirn)*, ich sage dem, das kannst du so machen, und dann hänge ich selbst mit drin, das soll der hübsch alleine verantworten.« Auch so war nämlich die DDR konstruiert, das vergisst man zu leicht. Ich hatte in dem Fall gar keine Chance, mich abzusichern, obwohl ich es wollte. In den anderen Fällen hingegen wollte ich es auch nicht.

Der *Spiegel*-Korrespondent Ulrich Schwarz, der das Interview mit mir gemacht hatte, hat das auch getestet. Er hatte an einer Stelle zu mir gesagt: »Das sieht Honecker genauso.«

Und ich hatte geantwortet: »Na, umso besser.«
Das hatte ich hinterher wieder gestrichen. Ich fand, es klang ein bisschen zu frech.
Dann sagte er: »Och, Herr Gysi, das war doch so 'ne nette Antwort, lassen Sie das doch stehen.«
Ich: »Na schön, schreiben Sie's wieder hin.«
Da fiel ihm der Unterkiefer runter. Er hatte gedacht, das sei alles mit der Partei abgestimmt und ich dürfe gar nichts mehr ändern.*
Ich habe dann mit ihm noch zwei Stellen geändert.
Nachdem ich nun in Paris gewesen war, nachdem ich die Vorzüge wie die Nachteile des Westens zu kennen glaubte und zurückgekommen war, gab es plötzlich keine Reiseschwierigkeiten mehr. Wenn es dienstlich notwendig war, konnte ich fahren. Vorher war die Hemmung offenbar nur deshalb so groß, weil sie nicht wussten, ob ich wiederkomme. Von da an hatte ich jedenfalls keine Schwierigkeiten mehr. Ich war einen Tag in West-Berlin, ich war im Saarland, ich war in München und in London mit meinen Anwaltskollegen Wolfgang Vogel und Friedrich Wolff, ich war in Indien. Und dadurch hatte ich erstens nicht mehr wie die meisten anderen DDR-Bürger den Druck, endlich mal in den Westen fahren zu wollen, und zweitens war ich nicht mehr ganz so naiv, weil ich den Westen schon ein bisschen kannte.

---

* Im Interview, so wie es im *Spiegel* (Nr. 11 vom 13. März 1989) erschien, liest sich diese Passage zu einer Anfang 1989 erlassenen neuen DDR-Reiseverordnung so: »GYSI: Ich bestreite überhaupt nicht – und da kommen ja auch Bürger zu mir –, daß es Fälle gibt, die vorher genehmigt worden sind, die jetzt von der Verordnung nicht mehr erfaßt werden. Ich bin aber davon überzeugt, daß die Handhabung der neuen Verordnung im Lauf der Zeit großzügiger werden wird. SPIEGEL: Haben Sie für Ihren Optimismus handfeste Indizien? GYSI: Meine Überzeugung basiert auf meinen Erfahrungen, die ich im Laufe vieler Jahre in der DDR gesammelt habe. SPIEGEL: Das deckt sich mit dem, was Erich Honecker westdeutschen Politikern gegenüber in den letzten Monaten stets beteuert hat ... GYSI: ... na, um so besser ... SPIEGEL: ... daß sich an der großzügigen Reisepraxis nichts ändern werde. Auch die neue Reiseverordnung besteht aber aus Kann-Bestimmungen.«

Sie haben von Ihrer Familie erzählt, vom Essengehen – war die Familie Gysi in irgendeinem Sinn wohlhabend oder sogar reich? Kann man so etwas in der DDR sagen?

Nein, reich waren sie nicht. Meine Mutter hat zum Beispiel null Sparguthaben hinterlassen, nichts. Sie kam immer mit dem Geld hin. Aber immerhin: Ein halbes Haus, gut möbliert, fünftausend Bücher, das ist für mich schon ein gewisser Reichtum, aber nicht im Sinne dessen, was man darunter heute versteht. Mein Vater hatte auch keine Millionen. Für DDR-Verhältnisse waren sie nicht reich in einem materiellen Sinne, sondern sie hatten eben mehr Möglichkeiten als andere.

Also »privilegiert« kann man das schon nennen?

Auf jeden Fall! Als ich zum Beispiel das erste Mal reiste, wissen Sie, wer sich da eine Dienstreise nach Paris organisiert hatte? Meine Mutter. Meine Schwester war ja schon im Westen, das dürfen Sie nicht vergessen, und die kam natürlich auch hin. Also waren wir dann zu dritt dort.*

Ich bin kürzlich einmal gefragt worden, in welchem Staat ich geboren bin. Und meine Antwort lautete: »Weiß ich nicht.« Meine Eltern wohnten zum Zeitpunkt meiner Geburt, 1948, in Berlin-Nikolassee. Geboren wurde ich aber im Oskar-Ziethen-Krankenhaus in Lichtenberg. Das eine war amerikanisch besetzt, das andere sowjetisch. Das Deutsche Reich war meines Erachtens 1945 untergegangen, die DDR und die Bundesrepublik gab es noch nicht, die wurden beide erst 1949 gegründet. Ich weiß nicht, in welchem Staat ich geboren bin!

---

* Gysis Schwester Gabriele, geboren 1946, ist Schauspielerin. Sie war bereits 1985 in die Bundesrepublik ausgereist.

Berlin Alexanderplatz

Das ist der ideale Übergang zur Wende und zur deutschen Einheit. Sie haben am 4. November 1989 bei der großen Kundgebung auf dem Alexanderplatz geredet. Wissen Sie noch, wie Sie in der Nacht davor geschlafen haben?

Erst einmal sage ich Ihnen, wie es dazu gekommen ist. Im Oktober kamen Johanna Schall und Barbara Schnitzler, zwei Schauspielerinnen vom Deutschen Theater, zu mir in die Anwaltssprechstunde und fragten, ob ich zu einer Diskussion in das Theater komme, da gäbe es auch juristische Fragen zu den Demonstrationen. Ich sagte: »Na gut«, und dachte, ich stehe vielleicht als einer von zehn Leuten da und kann ein paar juristische Fragen beantworten. Aber plötzlich stand ich alleine auf der Bühne und sollte reden!

Ich wurde nach möglicher Polizeigewalt gefragt. Und ich sagte: »Es gibt ja unterschiedliche Polizisten. Sie können im Meldewesen arbeiten, Sie können bei der Kriminalpolizei arbeiten und so weiter. Sie *können* auch Schutzpolizist werden, und dann wissen Sie: Es wird vorkommen, dass Sie in eine Kneipe gerufen werden, in der eine Riesenschlägerei stattfindet, und Sie müssen die Leute auseinanderbringen.« Und weiter sagte ich zu den Leuten im Deutschen Theater: »Es gibt Gründe, dass Sie das nicht geworden sind, und ich auch nicht. Mehr sage ich dazu nicht. Unter uns: Du musst das ein bisschen mögen, sonst machst du das nicht.« Da musste der Saal, obwohl es eine angespannte Atmosphäre war, doch einmal lachen.

Zum Schluss sagte ich dann noch Folgendes: »Ich verstehe nicht, dass noch nie eine legale Kundgebung versucht worden ist. Ich meine, wenn sie nicht genehmigt wird, kann man ja immer noch eine illegale machen, aber wieso wird nicht mal eine legale versucht? Formalrechtlich sind bisher alle unabhängigen Kundgebungen widerrechtlich gewesen.«

Der Schauspieler Hans-Peter Minetti*, der im Zentralkomitee war, las noch einen Beschluss des Politbüros vor, aber alle lachten und gingen raus, er hatte keine Chance.

Als ich wieder in meinem Anwaltsbüro saß, kamen die beiden Schauspielerinnen noch einmal. Und sie sagten: »Jetzt haben Sie uns was eingeredet mit Ihrer legalen Kundgebung. Wie macht man denn sowas?«

Ich: »Da müssen Sie einen Antrag stellen beim Präsidium der Volkspolizei, und so weiter.«

Das haben wir dann auch gemacht. Und wissen Sie, was das Interessante war? Die Polizei fragte die Schauspielerinnen: »Was machen Sie, wenn die Leute losgehen zur Mauer?« Dass die ein paar Tage später sowieso fiel, wusste ja keiner.

Als dann die Kundgebung genehmigt worden war**, kamen die beiden zu mir und sagten: »Nun sollen Sie auch als Erster sprechen, schließlich war das ja Ihre Idee.« So kam es, dass ich nach den Schauspielern, die das Ganze initiiert hatten, als Erster dort sprach.

Das Schwierigste am Tag vorher war, die Rede*** vorzubereiten. Es herrschten ja noch die alten Machtverhältnisse. Wie weit konnte man gehen? Übrigens: Friedrich Schorlemmer hat festgestellt, dass zur Staatssicherheit bei der Kundgebung nur zwei Leute etwas ge-

---

* Hans-Peter Minetti (1926 bis 2006) war der Sohn des Schauspielers Bernhard Minetti (1905 bis 1998). Er trat 1946 der KPD bei und ging 1949 in die gerade gegründete DDR. Dort wurde er Präsident des Verbandes der Theaterschaffenden, Vorsitzender der Gewerkschaft Kunst und Leiter der Schauspielschule Ernst Busch. Er trat unter anderem am Maxim-Gorki-Theater, am Deutschen Theater und in der Volksbühne auf.

** Die DDR-Behörden hatten die Genehmigung nach längerem Zögern am 26. Oktober 1989 erteilt. Auf der Rednerliste standen auch einige offizielle Vertreter, darunter zum Beispiel Günter Schabowski, Mitglied des SED-Politbüros, und Markus Wolf, der ehemalige Leiter der »Hauptverwaltung Aufklärung« (HVA) bei der Staatssicherheit. Die Teilnehmerzahl wird auf mehrere hunderttausend bis zu einer Million geschätzt.

*** Siehe die Dokumentation der Rede auf Seite 167 ff.

sagt haben: er und ich. Alle anderen nicht. Nur Markus Wolf*
musste natürlich auch etwas sagen und wurde dafür ausgebuht.
Von mir war der Satz, dass die höchste Form von Staatssicherheit
Rechtssicherheit ist. Das gefiel auch Schorlemmer.

Aber zu Ihrer Frage: Ich war damals noch jung und schlief einfach
gut. Aber aufgeregt war ich schon. Wahnsinnig aufgeregt, volle Kante.
Das war das erste Mal in meinem Leben, dass ich überhaupt auf einer
Kundgebung sprach. Ich habe zu lang gesprochen. Wenn ich mir das
jetzt anhöre – ich hätte es kürzer machen sollen. Wichtig war für mich,
neben der Sache mit der Rechtssicherheit, auch noch ein zweiter Satz:
»Ich wünsche mir, dass jeder Haushalt über ein Telefon verfügt.« Darüber kann man heute nur lachen, weil jeder Neunjährige schon ein
Telefon hat. Aber in der DDR war das eine Rarität. Mein Satz ging allerdings noch weiter: »Die Bemerkung ›Das möchte ich dir lieber nicht
am Telefon sagen‹ sollte für immer der Geschichte angehören.«

Das habe ich leider nicht geschafft, dank NSA. *(Lacht.)* Da kann
von »der Geschichte angehören« überhaupt keine Rede sein ...
Aber ja, das war wirklich aufregend für mich.

Schabowski, das rote Telefon und ein Reisegesetz à la Gysi

Sie haben einmal gesagt, Sie seien in die Politik damals eher hineingetrieben worden, als diesen Weg von sich aus zu gehen.

Es hat sich eins aus dem anderen ergeben. Ich nenne Ihnen zwei
Beispiele. Ich hatte auf dem Alexanderplatz gesagt – dafür wurde

---

* Markus Wolf (1923 bis 2006) hatte von 1952 bis 1986 die »Hauptverwaltung
Aufklärung« im Ministerium für Staatssicherheit, den Auslandsgeheimdienst
der Stasi, geleitet. Bei der Kundgebung auf dem Alexanderplatz sprach er sich
zwar für Reformen aus, verteidigte aber die Arbeit der Stasi.

ich übrigens ausgebuht –, dass Egon Krenz eine Chance bekommen sollte. Aber er hat sie in der Zeit danach nicht für tiefgreifende Reformen genutzt. Irgendwann kam ein Arzt von der Charité zu mir, Montag hieß er, und sagte, sie machen eine Protestkundgebung vor dem ZK. Ob ich nicht hinkomme und etwas sage. Ich habe zugesagt, weil ich sagen wollte, dass Krenz seine Chance hatte, er sie aber nicht genutzt hat und abgesetzt werden muss. Und so nahm ich an der Demo vor dem ZK teil. Die war schon weit nach dem 4. November, eher Ende November, die Mauer war schon auf. Das Problem war nur, dass Egon Krenz in dem Moment herauskam, als ich gerade sprach. Und ich musste ihm das in seine traurigen Augen sagen. Was mir schwerfiel, aber ich sagte es trotzdem.

Das Besondere für meine Entwicklung war aber etwas anderes, das wirklich Folgen hatte, und daran ist in gewisser Hinsicht Lothar de Maizière* schuld. Einen Tag nach der Kundgebung auf dem Alexanderplatz, an einem Sonntag, rief er mich an und sagte: »Die wollen morgen ein Reisegesetz vorstellen, ich halte das für völlig unzureichend.« Er war ja schon Vorsitzender der DDR-CDU.

Ich sagte: »Dann rufst du deinen Kollegen Krenz an und redest mit ihm darüber.«

Er: »Das hat gar keinen Sinn, du musst da anrufen.«

Ich sagte: »Ich? Ich kenne doch da gar keinen!«

---

* Lothar de Maizière, geboren 1940, hatte in der DDR zunächst als Orchestermusiker (Bratsche) gearbeitet und dann Jura studiert. Im Berliner Anwaltskollegium hatte sich eine freundschaftliche Beziehung zu Gregor Gysi entwickelt, die den Umbruch 1989 überdauerte. De Maizière wurde nach dem Sieg der CDU bei der Volkskammerwahl im März der erste und letzte frei gewählte Ministerpräsident der DDR. In der ersten gesamtdeutschen Bundesregierung fungierte er als Minister für besondere Aufgaben, trat aber noch 1990 wegen Vorwürfen der inoffiziellen Mitarbeit für die Stasi zurück.

Der Einzige, von dem ich eine Dienstnummer hatte, war Schabowski, weil er ja auch auf der Kundgebung gesprochen hatte. Er hatte mir dort die Nummer gegeben.

Ich rief ihn dann also am Sonntag an, und er war wirklich im Büro. Ich sagte: »Lothar de Maizière hat mich angerufen, hat mir das und das von irgendeinem Reisegesetz gesagt, ich habe keine Ahnung.«

Da sagte Schabowski: »Ja, pass auf, dann komm hierher, schau es dir an, du kannst ja Vorschläge unterbreiten. Soll ich dir ein Auto schicken?«

»Nee, nee«, sagte ich, »ich komme schon alleine hin.«

Das wollte ich nun nicht, von einem Auto der Berliner SED-Bezirksleitung* abgeholt werden. Ich bin also mit meinem Wagen zur Bezirksleitung gefahren, kam hoch und was jetzt kam, das glaubt mir kein Mensch: Schabowski saß an seinem Schreibtisch, und dann gab es noch einen Besprechungstisch, da setzte ich mich hin. Schabowski hatte ein rotes Telefon, neben anderen Telefonen, und die Telefone klingelten die ganze Zeit.

Einmal fragte er: »Welches Saatgut braucht ihr? Welche Mengen? Aha. Bis wann? Gut, ich kümmere mich.« *(Senkt die Stimme, schüttelt den Kopf.)* Wissen Sie: So kann ein Land nicht regiert werden. Er war ja gar kein Staatsfunktionär. Er war Parteichef für Berlin und regelte am Sonntag über Telefon Saatgutlieferungen – Wahnsinn!

In der ganzen Zeit kamen ständig Leute rein, mussten mit ihm Dinge bereden und gingen wieder raus. Ganz egal, wie Schabowskis Entwicklung danach beurteilt wird: Es hat mich umgehauen! In seinem ersten Buch hat er mich im Unterschied zu später noch gewürdigt, indem er sinngemäß schrieb: Und in diesem ganzen Chaos saß der Gysi, las den Gesetzentwurf, schrieb einen eigenen und gab ihn mir. Einen handschriftlichen, vollständigen Gesetzentwurf.

---

* Schabowski war auch Erster Sekretär der SED in Ost-Berlin.

Das stimmt: Ich habe einen vollständigen Reisegesetzentwurf geschrieben. Dabei habe ich sogar an Einreisevisa gedacht, an Impfungen für bestimmte Länder. Aber viel wichtiger war etwas anderes. Ich musste für folgendes Problem eine Lösung finden, das man bei der Beurteilung der DDR nie vergessen darf, das aber absichtlich kaum erwähnt wird: Die DDR war mit ihrem Wirtschafts- und Sozialsystem natürlich immer auch ein Stück Antwort auf die Bundesrepublik. Da gab es, vor dem Mauerbau 1961, die Grenzgänger in Berlin. Sie arbeiteten in West-Berlin, verdienten West-Mark, ein Teil davon wurde auch in West-Berlin ausgegeben, den Rest haben sie aber zu einem fantastischen Kurs von eins zu fünf in Ost-Mark umgetauscht. Dennoch haben sie natürlich alles Subventionierte im Osten in Anspruch genommen, die Miete, die Lebensmittel et cetera. Das traf die DDR-Volkswirtschaft hart. 1989 war nun die Frage: Wenn du ein Reisegesetz machst, wie kannst du einigermaßen verhindern, dass etwas Ähnliches wieder passiert?

Das Zweite war: Leute, die in der DDR Schulden hatten, gingen nicht selten in den Westen und waren die Schulden los. Die DDR konnte das Geld nicht eintreiben, es gab kein Rechtshilfeabkommen mit der Bundesrepublik.

An all das habe ich an diesem Sonntag gedacht. Und für alles Lösungen gefunden. Zum Beispiel: Wenn dir jemand Geld schuldet, der reisen will, kannst du beim Gericht beantragen, dass ihm vorübergehend der Pass entzogen wird. Ansonsten sollte jede Bürgerin, jeder Bürger mit Reisepass ab vierzehn Jahren reisen können, wohin er wollte. Und der Besitz des Passes ist das Ausreisevisum, du musst keines mehr beantragen, sondern gegebenenfalls von einem anderen Staat das Einreisevisum; dann musst du selber zu der Botschaft gehen und dir das Visum holen. Das hatte ich alles vorgeschlagen.

Wie lange haben Sie gebraucht, um das aufzuschreiben?

Vielleicht eine, maximal anderthalb Stunden. Dann war ich fertig und habe Schabowski meinen Entwurf gegeben. Es war alles original so, wie ich es Ihnen erzähle!

Er sagte: »Ich rufe dich heute Abend an.«

Das machte er wirklich, er rief bei meiner Lebensgefährtin an – die Nummer hatte ich ihm gegeben – und sagte: »Ich wollte das dem Krenz geben, aber der Krenz hatte keine Zeit dafür, das wird jetzt so veröffentlicht, wie es ursprünglich geplant war.« Deswegen gibt es meinen Gesetzentwurf auch nicht mehr, ich würde ihn gern nochmal lesen.

Am nächsten Tag bekam ich einen Anruf von Heinz Florian Oertel* und wurde ins Fernsehen der DDR eingeladen, um den Reisegesetzentwurf von Krenz, der nun offiziell vorgestellt worden war, zu besprechen. Keine Ahnung, wer dafür gesorgt hat, aber ich denke, es war Schabowski. Ich wüsste nicht, wie die sonst auf mich hätten kommen sollen. Also ging ich abends das erste Mal in meinem Leben in eine Fernsehsendung.

Ich habe vorhin gesagt, dass Lothar de Maizière an allem schuld ist, weil ich dadurch in die Politik geraten bin. In dem Fernsehstudio saß, soweit ich mich erinnere, einer vom Verkehrsministerium, einer vom Innenministerium und noch einer von einem anderen Ministerium – ich weiß es nicht mehr, die Staatssicherheit war es natürlich nicht, vielleicht war es das Außenministerium. Jedenfalls saßen die drei da und sagten, dass sie das für einen guten Gesetzentwurf halten, und dann fragte Oertel mich.

Ich sagte: »Nein, ich finde diesen Gesetzentwurf halbherzig, das genügt nicht«, und ich habe das auch begründet.

Dann ging es hin und her, und am Ende beging ich einen schwerwiegenden Fehler. Seitdem weiß ich: Du musst deine Eitelkeit beherrschen, du darfst dich nie von ihr beherrschen lassen. Ich war nämlich

---

* Oertel, geboren 1927, war nicht nur der bekannteste Sportreporter der DDR, sondern moderierte auch Unterhaltungs- und Gesprächssendungen.

ganz zufrieden mit mir und der Sendung und sagte in etwa den Satz: »Liebe Fernsehzuschauer, ich werde den anderen Vorsitzenden der Rechtsanwaltskollegien vorschlagen, dass wir zusammen einen Gesetzentwurf für ein Reisegesetz machen, den werden wir der Volkskammer zur Verfügung stellen, und vielleicht gefällt ihr ja unser Reisegesetzentwurf besser.«

So weit war das noch gut, aber dann kam mein Fehler. Ich sagte: »Wenn Sie dazu Ideen und Vorschläge haben, können Sie gerne an mich schreiben.«

Ich hatte am nächsten Tag sechstausend Briefe, am übernächsten Tag nochmal sechstausend, und jetzt kommt das Verheerende: Ich wäre bis heute schadensersatzpflichtig, weil sich ja die Briefe zum Reisegesetz äußerlich nicht unterschieden von Anwaltspost. Es hätte sein können, dass mir jemand geschrieben hat, ich soll Rechtsmittel einlegen, und ich hätte diesen Brief vielleicht nach acht Wochen geöffnet. Ich hätte nicht fristgerecht Rechtsmittel eingelegt und wäre schadensersatzpflichtig gewesen für den verlorenen Prozess. Was glauben Sie, wie teuer so etwas werden kann! Mir war ganz schlecht.

Aber dann habe ich einige Anwälte angerufen, es gab sechzig im Berliner Kollegium. Sechs bis acht bat ich, und die kamen. Wir haben zwei oder drei Nächte dagesessen und die Briefe sortiert – Reise, Reise, Reise, Anwalt, Reise, Reise, Reise ... Das muss ich den Kolleginnen und Kollegen wirklich lassen, sie waren mir eine große Hilfe.

Und das alles durch so einen blöden Schlusssatz! Hätte ich mir den geschenkt, wäre das gar nicht passiert. Aber dadurch war ich nun plötzlich in der DDR-Bevölkerung bekannt. Am 9. November, als die Mauer fiel, ging ich in der Nähe der Wollankstraße, wo die Wohnung meiner Lebensgefährtin war, zur Grenze. Dort sahen die Leute mich und klatschten Beifall, aufgrund dieser Äußerung im Fernsehen. Ich bekam sogar eine selbstgebastelte Urkunde überreicht! Das kippte allerdings alles, als ich im Dezember Vorsitzender der SED wurde, da drehte sich die Stimmung, völlig klar. Aber zu dem Zeitpunkt waren viele von mir angetan.

Dann wurde ich also Vorsitzender der SED, die sich ja bald in SED-PDS und dann in PDS umbenannte. Mein Freund Michael Schumann* sagte ein Jahr nach meiner Wahl: »Du weißt, dass du dich nicht wie ein Parteivorsitzender benimmst.«

Da sagte ich: »Nun werde mal nicht komisch, ich mache doch alles in der Partei.«

Er: »Nee, du benimmst dich wie ihr Anwalt.«

Und in gewisser Weise stimmte das. Das, glaube ich, hatte mich auch gereizt.

Gilt das nicht bis heute? Es gibt ja Leute, die das behaupten.

Das weiß ich nicht. Damals stimmte es mit Sicherheit. Weil es ja auch ein Abwehrkampf war. Heute sind es andere Bedingungen. Heute geht es weniger um Abwehr als um konkrete Politik: Wir müssen uns zu Steuern oder Militäreinsätzen, zu allem Möglichen verhalten, da brauchen sie nicht mehr so sehr einen Anwalt, wie sie ihn 1990, 1991, 1992 brauchten.

Der Hass, die Zuneigung und die Rolle der Medien

Wir sprachen schon davon, wie Sie und Ihre Familie sich im Habitus, in der Sprache, in der Kleidung von den meisten anderen DDR-Bürgern unterschieden. Das galt ja auch für den größten Teil der Partei, und ich finde, es ist bis heute so …

---

* Michael Schumann (1946 bis 2000) war vom Parteitag 1989 bis zu seinem frühen Tod durch einen Autounfall im Jahr 2000 ein enger Weggefährte von Gregor Gysi und gehörte dem innersten Zirkel der Parteireformer an. Von 1989 bis 2000 war er Mitglied des Parteivorstands und ab 1990 Landtagsabgeordneter in Brandenburg.

Da sieht man übrigens, wie schlau eine Partei ist. Die wissen ganz genau, wann sie wen nicht gebrauchen können und wann doch. Ich hätte zu SED-Zeiten in der DDR niemals eine Chance gehabt. Schon aus kulturellen Gründen nicht. Das war mir klar. Und mir war im Dezember 1989 auch klar, dass das in dieser Situation anders ist, weil sie Hilfe brauchten, selbst durch einen Typen wie mich.

Die Frage ist, auch mit Blick auf heute: Sorgt ein solcher Vorturner in der Öffentlichkeit nicht mit dafür, den eigentlichen Charakter der Partei zu überdecken?

Selbst wenn ich das vorgehabt hätte, wäre es mir nicht gelungen. Schon wegen der Medien. Seit ich Parteivorsitzender geworden war, war der Hass groß – und er richtete sich nicht nur gegen die PDS, sondern gerade auch gegen mich. Das änderte sich allerdings mit der Zeit, und ich kann Ihnen auch einen Zeitpunkt nennen: Es war am 21. Juli 1992, als ich auf dem »heißen Stuhl« bei RTL saß. Da hatte man es immer mit vier Kontrahenten zu tun, und an dem Tag gingen sie gegen mich vor wegen der Bildung von »Komitees für Gerechtigkeit« im Osten.* Ich saß da also nicht für die PDS, sondern für den ganzen Osten. Und die vier griffen mich an: Solche Komitees seien gar nicht nötig und so weiter.

Ein Staatssekretär aus dem Bundesinnenministerium, ein Mitglied der CSU, sagte immer: »Sie haben doch keine Ahnung.«

---

* Die Komitees für Gerechtigkeit, die damals an vielen Orten entstanden, verstanden sich als Interessenvertretung gegen Benachteiligungen der Bürger in den neuen Bundesländern. Ihnen wurde immer wieder vorgeworfen, eine Art verlängerter Arm der PDS zu sein. Die Komitees hatten allerdings wenig Zulauf und lösten sich schon bald wieder auf.

Und dann gewann ich den Saal, weil ich sagte: »Das stimmt schon, Sie haben mehr Ahnungen, aber hier geht es ja um Kenntnisse.« *(Lacht.)*

Das war auch wieder so eine Frechheit von mir. Damals war ich noch so reaktionsschnell, heute würde mir das vielleicht gar nicht mehr einfallen.

Ich habe auf jeden Fall diese Veränderung damals im Eichsfeld bemerkt, in Thüringen. Das war am Anfang immer mein schlimmster Besuch, jedenfalls wenn ich im Osten unterwegs war. Ich wurde nur beschimpft, die Leute hielten ablehnende Plakate hoch. Ich kann dann übrigens auch zynisch werden und bekomme einen unangenehmen Zug. Einmal stand einer direkt vor mir mit einem Plakat, auf dem stand: »Diebe, Betrüger, Mörder, Totschläger«. Übrigens ein ehemaliger Feldwebel von der Grenze, ausgerechnet der hält mir so etwas vor. Aber na gut. Und was mache ich? Ich sage zu ihm: »Das soll doch eine Steigerung sein. Und Sie haben Recht, Betrug ist schlimmer als Diebstahl. Aber dann kommt bei Ihnen Mord und danach erst Totschlag. Die Reihenfolge müssen Sie das nächste Mal umdrehen, Totschlag ist nämlich milder als Mord. Sie müssen dann schreiben: ›Diebe, Betrüger, Totschläger, Mörder‹.«

Als ich das erste Mal nach der RTL-Sendung wieder ins Eichsfeld kam, gab es nichts Böses mehr. Sie klopften mir auf die Schulter und sagten: »So musst du das weitermachen.« Sie haben mich plötzlich als ihren Vertreter akzeptiert, nicht nur im Eichsfeld. Bis dahin waren fast drei Jahre harte Arbeit nötig, kann ich nur sagen. Aber dann war es so weit.

Zurück zu Ihrer Frage: Die Medien bekamen den Stimmungsumschwung, was mich betraf, natürlich mit. Sie hatten mir ja sogar dabei geholfen, denn ich wurde immer wieder in Talkshows eingeladen und konnte versuchen klarzumachen, dass ich doch etwas harmloser bin und die Partei auch. Jetzt fingen sie aber an, zwischen der Partei und mir zu differenzieren. Und das war erfolgreich, leider. Sie filmten etwa eine Basisgruppe von uns, und da gab es natürlich auch ein paar alte sture Genossen. Mit denen konntest du entsprechende Interviews machen, und das ballerte dann immer voll gegen meine Birne: Sie sagten jetzt immer, der Gysi sei das eine und die Partei das andere.

Bis heute bekomme ich häufig den Spruch zu hören: »Sie sind ganz in Ordnung, aber in der falschen Partei.« Jetzt nicht mehr ganz so häufig, seit es Die Linke gibt, aber es kommt noch oft genug vor.

Ich frage dann immer: »Welches ist denn die richtige Partei?«

Dann sagen die meisten: »Da haben Sie auch wieder Recht.«

Zukunft ohne Gysi? Alte Fragen, neue Gesichter und die künftige Rolle der Linkspartei

»Ich will ja, dass es ein gewisser Verlust ist«

Dennoch: Diesen Unterschied zwischen Ihnen und der Partei gibt es ja wirklich, jedenfalls für große Teile der Öffentlichkeit. Und es kann für die Partei zum Problem werden, wenn sozusagen eine Rampensau verschwindet. Dann wird dahinter womöglich mehr sichtbar, als bisher zu erkennen war.

Na ja, inzwischen haben wir doch ganz gute Leute. Sahra Wagenknecht ist auch ein Medienereignis auf ihre Art. Dietmar Bartsch ist eher einer, der Ruhe ausstrahlt, aber eben auch Toleranz. Einer, der bereit ist, Kompromisse zu suchen und zu finden, um in der Gesellschaft etwas zu verändern. Und auch viele andere haben ihre Vorzüge. Die Fraktion ist jetzt viel bunter, viel breiter angelegt als früher. Wir haben gute Leute im NSU-Ausschuss und anderen Ausschüssen. Wir stellen die Vorsitzende im wichtigsten Ausschuss, dem Haushaltsausschuss, Gesine Lötzsch, und im Petitionsausschuss, Kersten Steinke. Die sind auch alle sehr gut. Wir haben eine Vizepräsidentin des Deutschen Bundestages, Petra Pau. Die Situation ist ja nicht mehr so wie am Anfang, sie hat sich schon geändert. Trotzdem haben Sie natürlich Recht. Ich will ja auch, dass es ein gewisser Verlust ist, wenn ich aufhöre. Wenn es gar kein Verlust wäre, wäre es auch traurig hinsichtlich meiner Ge-

Gabi Zimmer, Dietmar Bartsch, Petra Pau, Gregor Gysi und Roland Claus diskutieren auf dem PDS-Bundesparteitag im Kulturpalast Dresden, 2001.

schichte. Vor allem aber: Ich bin jetzt 67, irgendwann muss es doch sowieso sein.

Es gibt nur eine Wahl, bei der die PDS nicht mit Hilfe ihrer Zweitstimmen in den Bundestag gekommen ist. Das war 2002, und am Ende saßen zwei einsame PDS-Abgeordnete, die Direktmandate gewonnen hatten, im Parlament. Das war das einzige Mal, bei dem Sie nicht angetreten waren.

Das stimmt, aber ich muss dazusagen: Beim ersten Mal, 1990, hatten wir bundesweit auch keine fünf Prozent. Da gab es allerdings noch die Sonderregel im Wahlrecht, nach der das Erreichen von fünf Prozent im Osten genügte. Bei der zweiten Wahl 1994, bei der diese Sonderregel nicht mehr galt, wussten wir, dass wir keine fünf Prozent erreichen würden. Da bestand das Kunststück darin, mindestens drei Direktmandate zu erlangen.* Daran habe ich gearbeitet, und ich war der einzige, der glaubte, dass wir einziehen. Weil ich ein Determinist bin, das heißt, ich habe zu André Brie gesagt: »Unsere historische Rolle ist noch nicht beendet, also werden wir auch einziehen.«

»Ja«, sagte er, »das kann schon sein, aber so denken die Wählerinnen und Wähler nicht.«

Wir haben es geschafft, das war eine Leistung! Wir gewannen vier Direktmandate, alle in Ost-Berlin. Den Ausschlag gab damals unter anderem ein Brief, den wir hunderttausendfach verteilt haben. Das Schwierigste bei so einem Brief ist der Anfang. Ich musste ja diejenigen ansprechen, die entschlossen waren, uns als Partei nicht zu wählen. Wenn du anfängst: »Ich bitte Sie, unsere Partei ...«, dann ist es schon aus, da schmeißen sie den Brief schon weg. Es ging dann ungefähr so: »Wenn Sie unsere Partei nicht wählen wollen, was ich natürlich bedaure, und dennoch wünschen, dass sie im Bundestag vertreten ist, haben Sie dazu eine Möglichkeit ...« Und so weiter. So entsteht eine Neugier zum Weiterlesen.

1998 haben wir dann zum ersten Mal die Fünf-Prozent-Hürde überschritten, und 2002 nicht. Da ist einiges schiefgelaufen. Vier Spitzenkandidaten, das war schon ein bisschen problematisch, weil sich keiner als Gesicht der Partei herauskristallisierte, und dann kam mein Rücktritt noch dazu, das hat auch geschadet, stimmt schon. Bei allen Wahlen nach 2002 haben wir es

---

* Nach dem Bundeswahlgesetz kann eine Partei entsprechend ihrem Zweitstimmenergebnis auch dann in den Bundestag einziehen, wenn sie die Fünf-Prozent-Marke verfehlt hat. Voraussetzung ist, dass ihre Kandidaten in mindestens drei Wahlkreisen das Mandat direkt gewinnen. Die PDS erreichte 1994 zwar nur 4,4 Prozent der Zweitstimmen, aber vier Direktmandate. Sie durfte deshalb entsprechend ihrem Zweitstimmenergebnis eine »Gruppe« von dreißig Abgeordneten stellen.

wieder geschafft, und heute gilt: Wenn wir keine groben Fehler begehen, sind wir auch im nächsten Bundestag vertreten.

Wie lernt man Opposition?

Hatten Sie Ende 1989, als Sie zum Vorsitzenden gewählt wurden, eine Idee, welche Rolle diese Partei irgendwann spielen soll? Noch war es ja die führende Partei der DDR. Das hat sich erst im März 1990 bei der ersten demokratischen Volkskammerwahl geändert, und das konnten Sie drei Monate vorher nicht wissen. Haben Sie zum Beispiel erwartet, zur Minderheitspartei zu werden?

Dazu muss ich Ihnen eines erzählen. Dass wir schon am 18. März und nicht erst am 6. Mai gewählt haben, lag ausschließlich an Modrow, der ja noch DDR-Ministerpräsident war, und an mir. Ich bin zu ihm gegangen und habe gesagt: »Hans, ich kann die Partei nicht reformieren, solange wir die Regierungspartei sind, sogar die führende Regierungspartei. Du musst mir jetzt sagen, bis wann du die Probleme gelöst hast, die du unbedingt lösen willst. Dass wir nicht gewinnen werden, ist ohnehin klar, und dann ziehen wir, wenn es nach mir geht, die Wahlen vor und gehen in die Opposition. Dann kann ich die Partei entsprechend reformieren.«

Das war am Jahresanfang?

Ja, und dann haben wir uns verständigt, dass der früheste Termin der 18. März ist. Aber das führte zu einer anderen Schwierigkeit, und die war schon fantastisch. Ich hatte gar nicht mitbekommen, dass die Volkskammer beschlossen hatte, was eine Partei alles ein-

Gregor Gysi spricht auf dem außerordentlichen SED-Parteitag in der Dynamo-Sporthalle, 8. Dezember 1989 in Ost-Berlin. Hier wird Gysi zum neuen Vorsitzenden gewählt.

reichen muss, wenn sie zur Wahl antritt: die Satzung, die Namen der Mitglieder des Parteivorstands und einiges mehr – und ein Parteiprogramm. Aber wir hatten keins. Wir konnten ja nicht ernsthaft das Parteiprogramm der SED vorlegen! Daraufhin mussten

Dieter Klein* und andere über ein einziges Wochenende einen Programmentwurf schreiben. Danach saßen wir nochmal ein Wochenende zusammen und stellten uns die Frage, welche Wirtschaft wir anstreben. Wir hatten keine Ahnung, und daraufhin haben wir uns für die »sozialistische Marktwirtschaft« entschieden. Was das genau sein sollte, wussten wir auch nicht, aber wir dachten, das sei doch ein schöner Begriff.

Nun war es so, dass auch das *Neue Deutschland*, das ja unsere Parteizeitung war, sich unter sozialistischer Marktwirtschaft nichts vorstellen konnte. Also schrieben sie »soziale Marktwirtschaft«, und da wir das nicht mitbekommen hatten, stand am Ende auch in unserem Programm »soziale« Marktwirtschaft statt der »sozialistischen«. Dafür wurde ich dann von den Linken im Westen witzigerweise immer kritisiert. So war diese Zeit.

Entscheidend ist, dass wir die Wahlen vorgezogen haben, weil ich wollte, dass wir in Opposition gehen. Ich wusste, die Einheit konnte und sollte nicht mehr verhindert werden, das war völlig klar nach meinem Gespräch mit Gorbatschow Anfang Februar. Jetzt ging es eigentlich nur noch um die Frage: Treten wir dem Geltungsbereich des Grundgesetzes bei oder machen wir eine Vereinigung auf der Grundlage von Artikel 146 des Grundgesetzes? Das hätte bedeutet: Es muss eine neue Verfassung erarbeitet werden, die hätte durch einen Volksentscheid in beiden deutschen Staaten angenommen werden müssen, und dann bilden wir einen neuen deutschen Staat, der die Rechtsnachfolge sowohl der DDR als auch der BRD antritt. Aber dazu waren die anderen nicht zu bewegen. Das war dann die eigentliche Auseinandersetzung. Erst wollte es auch die SPD, aber am Schluss waren wir die einzigen, die das gefordert haben, außer wohl Bündnis 90.

---

* Der Wirtschaftswissenschaftler Dieter Klein, geboren 1931, zählte schon zu DDR-Zeiten zu den Reformtheoretikern der SED. Auch nach 1990 war er immer wieder an der Programmarbeit der PDS und der Linkspartei beteiligt.

Ja, Opposition konnte ich mir vorstellen. Wissen Sie, was ich mir nicht vorstellen konnte? Im Januar bekam ich immer Briefe zum Thema »Partei auflösen oder nicht auflösen«. Ich würde mal sagen, 40 Prozent der Mitglieder wollten, dass wir auflösen, 60 Prozent wollten es nicht. Den 40 Prozent habe ich geschrieben: »Ihr könnt doch austreten.« Das wollten diese Mitglieder aber nicht, sondern sie wollten, dass das Ende über sie kommt. Sie wollten sagen können: »Ich war bis zum letzten Tag drin, dann hat sie sich aufgelöst, dann war ich eben ganz automatisch nicht mehr drin.«

Genau das wollte ich nicht, und zwar aus zum Teil ganz praktischen Gründen, aber auch aus einem durchaus ideellen Grund. Der praktische Grund war: Die DDR kannte kein Stiftungsrecht, und die SED hatte ein Vermögen. Dass zum Beispiel Genex* der SED gehörte, darauf wäre ich nie gekommen. Auch zehn Buchverlage gehörten der SED. Der SED gehörte ein ganzes Dorf einschließlich Kirche, Sanatorien, alles Mögliche, natürlich auch Druckereien und so weiter. Wenn ich die Partei aufgelöst hätte, dann wäre das alles herrenloses Gut geworden – das wird immer unterschätzt. Ich hätte nicht mal die Zeit gehabt, das Vermögen in Volkseigentum zu überführen. Das haben wir mit den Druckereien und anderem schließlich gemacht, aber das ging nur so lange, wie die Partei existierte. Und was hätte ich mit den Mitarbeiterinnen und Mitarbeitern machen sollen? Es gab 44 000, davon blieben 75 übrig. Der größte Entlasser aller Zeiten bin also ich. Wir mussten Ab-

---

* Die Genex, ursprünglich »Geschenkdienst- und Kleinexporte GmbH«, war 1956 als Devisenbeschafferin gegründet worden. Das Geschäftsmodell sah vor, dass die Bürger westlicher Staaten DDR-Produkte erwarben und mit D-Mark bezahlten, die sie dann an DDR-Bürger verschenkten. Auf diese Weise nahm die DDR für ihre Konsumgüter bis hin zum Auto reichlich Devisen ein. Allein von 1981 bis 1989 soll die Genex rund 500 Millionen D-Mark an den vom Ministerium für Staatssicherheit kontrollierten Bereich »Kommerzielle Koordinierung« sowie 380 Millionen Mark an die SED und etwa 250 Millionen Mark an den DDR-Staatshaushalt abgeführt haben (so der *Spiegel* am 13. Mai 1991).

findungen zahlen und natürlich auch die Rentenversorgung sichern.

Deswegen war die Vorstellung mancher westlicher Medienleute – einfach auflösen – völlig falsch. Mitte 1990, da hätte ich die Partei auflösen können. Da war alles abgewickelt, in Volkseigentum überführt et cetera. Aber da wollten es die Mitglieder nicht mehr. Die, die jetzt noch dringeblieben waren, die die Wahlkämpfe geführt hatten für die Volkskammerwahl im März und die Kommunalwahlen im Mai, die sahen dann überhaupt nicht mehr ein, wieso sie ihren Verein auflösen sollten.

Aber es gab noch einen zweiten Grund, weshalb ich die Auflösung nicht wollte. Es war ja in gewisser Hinsicht noch die Partei, die mal von Karl Liebknecht und Rosa Luxemburg gegründet worden war. Wer bin ich denn, dass ich so eine Partei dichtmache? Dann wäre ich ausgetreten und gut. Aber mir war klar: Ich mache nicht zu, das war nicht meine Aufgabe.

Was ist mit dem Vermögen, das zur Seite geschafft wurde?

Damit habe ich nichts zu tun, sonst würde ich gar nicht mehr hier sitzen. Das wurde ja alles ermittelt, und das Problem ist: Das meiste stimmt einfach nicht. 100 Millionen sind beiseitegeschafft worden, um eine Reserve für die Partei zu haben, ansonsten wurde nie etwas gefunden. Ich bin derjenige, der den Verzicht auf das ganze Auslandsvermögen der SED unterschrieben hat. So konnte die Treuhand gegen diejenigen prozessieren, die es nicht herausgeben wollten, und sie hat ja gewonnen. Und ich habe noch etwas unterschrieben: Wenn einer aus dem Parteivorstand von irgendeinem Vermögen, das nicht angegeben ist, weiß, nur ein einziger, dann müssen wir, soweit ich mich erinnere, den dreifachen Wert an Strafe zahlen. Da wurde nie etwas gefunden, die Vorwürfe waren und sind falsch.

Die Flügel der Linken und der Krieg

Entfernen wir uns wieder ein Stück von der Wende und kommen zu den politischen Auseinandersetzungen der Gegenwart. Ich erinnere mich an den PDS-Parteitag im Jahr 2000 in Münster, wo es um die Beteiligung der Bundeswehr an internationalen Militäreinsätzen ging. Damals unterlagen Sie in einer Abstimmung mit dem Antrag, dass Ihre Abgeordneten konkrete Fälle zumindest prüfen dürfen sollten …

Es ging nur um Prüfung, nicht um Beteiligung. Die stellvertretende Parteivorsitzende Sylvia-Yvonne Kaufmann hat damals dagegen gesprochen. Die ist jetzt Mitglied der SPD. Interessant, oder?

Aber Sie müssen sich doch mit anrechnen lassen, dass auch fünfzehn Jahre danach noch über das Thema gestritten wird und es nicht gelingt, über eine strategisch so wichtige Frage in der Partei Einigkeit zu erzielen.

Wissen Sie, die Linken sind immer ideologischer als andere. Und deshalb ist immer die Sorge so groß, dass man gleich ein ganzes Prinzip verrät oder über Bord gehen lässt, wenn man irgendeinen Kompromiss macht oder auch nur einen Schlenker zulässt. Das ist aber meines Erachtens falsch. Zunächst haben wir doch Recht: Alle Kriege der jüngsten Zeit waren falsch. Egal, ob ich den gegen Jugoslawien nehme oder den gegen Afghanistan, den gegen den Irak oder den gegen Libyen. Auch der Konflikt Israel-Palästina beweist, dass es keine militärische Lösung gibt. Man muss etwas anderes einleiten – da bin ich ganz sicher, dass unsere Partei richtigliegt. Aber wir sagen ja aktuell auch nichts dagegen, dass die Bundeswehr Menschenleben im Mittelmeer rettet. Nun ist das nicht im Ausland, wie ich immer sage, sondern in internationalen Gewässern, aber mal abgesehen davon …

… die Piratenjagd war auch in internationalen Gewässern …

… ja, und auch da bin ich dafür. Wir haben bloß gesagt, dass die Polizei das besser kann. Auch für Lebensrettung wie im Mittelmeer ist eigentlich nicht die Armee zuständig, da braucht man entsprechende technische Hilfswerke, aber wenn man die nicht ausreichend hat, soll es meinetwegen auch die Bundeswehr machen. Was wir aber als Partei benötigen, und das habe ich tatsächlich nicht geschafft: Wir sollten dabei bleiben, dass es eine Kriegsbeteiligung, wie sie die Mehrheit des Bundestages immer wieder beschlossen hat, nicht geben darf. Aber das schließt natürlich nicht aus, dass auch mal Soldaten irgendwo blieben, wenn wir in die Regierung kämen, wenn es dort keinen Krieg gibt wie im Kosovo. Diese Kompromissfähigkeit brauchen wir – keine Kriegsbeteiligung wäre schon ein großer Erfolg.

Selbst die Beseitigung von Chemiewaffen, wie im Fall Syriens 2014, wollten Teile Ihrer Partei nicht.

Ja, da waren wir unterschiedlicher Auffassung. Es gab bei uns Ja, Nein und Enthaltung. Ich habe dazu gesagt:»Man kann es verteidigungspolitisch sehen und man kann es abrüstungspolitisch sehen. Wenn man es abrüstungspolitisch sieht, muss man mit Ja stimmen. Wenn man es verteidigungspolitisch sieht, kann man sagen: nicht gerade die Bundeswehr. Oder man kann sich enthalten, wenn man beide Sichtweisen akzeptiert.«

Ich als Vorsitzender musste mich enthalten, obwohl ich natürlich dafür war, die Chemiewaffen zu vernichten und das auch mit deutscher Hilfe zu unterstützen. Ich habe ja auch nicht so eine Aversion gegen die Bundeswehr wie andere. Es sind Menschen, die allerdings teilweise benutzt werden und sich benutzen lassen.

In Münster 2000 war es so: Ich hatte ein Papier geschrieben, das nicht ausreichend überzeugt hat, und Michael Schumann, den ich

Gregor Gysi, der Bundesvorsitzende Lothar Bisky und Bundesgeschäftsführer Dietmar Bartsch singen auf dem PDS-Parteitag in Münster 2000 die Internationale.

sonst sehr schätzte, hat keine so gute Rede gehalten, da war Sylvia-Yvonne Kaufmann besser. Wenngleich sie natürlich heute zu diesen Prinzipien gar nicht mehr stehen kann. Und die Mitglieder hatten Angst, sie könnten Positionen aufweichen.

Das war ja auch der Parteitag, wo ich gesagt habe, dass ich aufhöre. Das hatte zwar mit der Bundeswehrdebatte nichts zu tun, ich hatte es vorher schon entschieden. Aber es gab noch einen Streit mit Lothar Bisky, der ja den Parteivorsitz niederlegte, ob wir beide auf diesem Parteitag unseren Rückzug erklären. Wir haben es dann beide gemacht, und dadurch dachten viele, dass mein Abgang doch mit dem Bundeswehrbeschluss zusammenhing. Dann tat ihnen das Ergebnis wieder leid, was natürlich auch falsch war.

Es ist schon richtig: Ein paar Dinge müssen wir noch schaffen. Wir haben auch Probleme durch die Vereinigung, weil sich die Linken im Westen anders entwickelt haben als die im Osten. Das ist nicht ganz leicht, aber da habe ich, glaube ich, in den letzten Jahren schon eine wichtige Rolle gespielt, um einen Ausgleich zu erreichen und gegenseitiges Verständnis. Aber es ist mir nicht alles gelungen in der Partei. Sonst hätte ich ja auch meine Rede in Göttingen* nicht halten müssen.

Würden Sie im Nachhinein sagen, dass Sie – bei aller Außenwirkung – nach innen nicht konsequent oder hart oder durchsetzungsstark genug gewesen sind?

Darüber denke ich immer wieder nach. Wissen Sie, ich komme aus der SED, was mich in gewisser Hinsicht prägt, und zu dieser Prägung gehört, dass ich nicht mit Ausschlüssen arbeite. Klar, wenn einer für Hitler ist, den müssen wir ausschließen, es gibt Grenzen. Aber sonst bin ich nicht so schnell dabei. Ich will immer versuchen, mit Einsicht und Vernunft eine Gemeinsamkeit zu erreichen. Vielleicht ist das ein Fehler, aber andererseits: Jeder ist durch seine Biografie und durch sein Leben geprägt. Wenn ich aus der SPD käme, wäre ich vielleicht härter. Wenn man eine Diktatur erlebt hat, ist man gegen bestimmte harte Formen ziemlich allergisch. Das kann natürlich in einer anderen, weniger autoritären Struktur auch ein Problem werden. Wir haben seit 1990, glaube ich, zwei Leute ausgeschlossen, das ist fast schon absurd wenig. Ich glaube aber, das alles fängt so langsam an, sich ein bisschen zu normalisieren.

---

* Beim Parteitag in Göttingen sprach Gysi unter anderem von »Hass« innerhalb der Partei und sagte: »Seit Jahren bin ich in der Situation, mich entweder bei der einen oder bei der anderen Gruppe unbeliebt zu machen, und ich bin es leid.« Siehe die Dokumentation der Rede auf Seite 179 ff.

Israel, Palästina und die Verfolgungsjagd im Bundestag

Immer wieder umstritten ist in Ihrer Partei auch die Nahost-Politik. Im Herbst 2014 eskalierte das Ganze in einer Szene im Bundestag, bei der Sie von antiisraelischen Aktivisten bis zur Toilette verfolgt wurden. Welches Gefühl hatten Sie in diesem Moment?

Mit der Toilette hatten ja die drei Abgeordneten* nichts zu tun, ich muss sie also auch ein bisschen verteidigen. Die Frechheit war ja etwas anderes. Die drei hatten eine Veranstaltung in der Volksbühne angemeldet, und ich bekam erst kurz vorher mit, dass es da auch um Boykott gegen Israel und Ähnliches gehen sollte – was überhaupt nicht geht. Ich weiß, dass das Weltsozialforum einen Boykott von israelischen Produkten beschlossen hat. Das können die ja beschließen, aber man trägt seine Geschichte immer mit. Beim Juden wird nicht eingekauft – das geht in Deutschland nicht. Punkt.

Wofür ich bin: Israel sollte verpflichtet werden, alle Produkte, die in Siedlungsgebieten hergestellt werden, entsprechend zu kennzeichnen. Denn ich halte die Siedlungspolitik, die sie in den besetzten Gebieten machen, für völkerrechtswidrig und inakzeptabel.

---

* Es handelte sich um Gysis Fraktionskolleginnen Annette Groth, Heike Hänsel und Inge Höger. Die ursprünglich geplante Veranstaltung in der Volksbühne sollte am 9. November 2014, dem Jahrestag der antijüdischen Pogrome von 1938, stattfinden, der Vorfall im Bundestag ereignete sich am 10. November. Die beiden eingeladenen Referenten waren Max Blumenthal und David Sheen. Blumenthal, ein US-amerikanischer Autor, wird von Kritikern des Antisemitismus bezichtigt, weil er unter anderem mit Blick auf Israel (als Zitat eines israelischen Philosophen) von »Judeo-Nazis« gesprochen hat. Der aus Kanada stammende Autor und Filmemacher David Sheen lebt in Israel. Auch ihm warfen Kritiker im Zusammenhang mit dem Besuch in Deutschland Antisemitismus vor. Sheen ist derjenige, der Gysi bis zur Toilette verfolgte und dabei filmte. Groth, Hänsel und Höger entschuldigten sich später für den Vorfall, Gysi nahm die Entschuldigung an.

Wenn ich weiß, dass ein Produkt von dort kommt, kann ich mich entscheiden, ob ich es kaufe oder nicht. Das hat übrigens die EU so beschlossen.

Weil es aber um Boykott ging und das auch noch am 9. November, habe ich die Veranstaltung in der Volksbühne abgemeldet. Die drei Kolleginnen hatten mich übrigens vorher nicht gefragt, auch nicht den Vorstand der Fraktion. Daraufhin entschieden sie sich, einen Tag später ein Gespräch im Bundestag zu führen. Heike Hänsel kam dann zu mir und bat mich, mit den beiden Referenten zu sprechen.

Ich sagte: »Mach ich nicht.«

Daraufhin kamen sie an und standen vor meiner Bürotür. Das ist eine Frechheit, die ich aber noch hinnehme. Aber ich musste, weil ich einen anderen Termin hatte, einfach nochmal auf die Toilette, das konnte ich nun wirklich nicht verhindern. Und dann rannte einer mir nach. Bis auf die Toilette. Das war schon unangenehm.

Das haben aber natürlich nicht die drei Abgeordneten veranlasst, und es war ihnen dann auch unangenehm. Ich habe sie in gewisser Weise verteidigt, obwohl mir das viele auch wieder übelgenommen haben. Zum Beispiel sagte jemand, Inge Höger hätte auch noch gelacht. Was man auf dem Video sieht, das ist aber kein Lachen, jedenfalls weder ein amüsiertes noch ein hämisches. Sie war in einer Überforderungssituation und wusste sich nicht zu verhalten. Nur so lässt sich die Situation deuten, Amateurpsychologen sind wir doch alle. Und daraus muss ich nicht etwas machen, das es nicht war.

Aber ich sage Ihnen etwas zu einem generellen Problem: Die ganze Frage Israel-Palästina ist für meine Partei schwierig. Und ich habe auch begriffen, woran das liegt: Die DDR hatte nie Beziehungen zu Israel. Es gab nur einen einzigen offiziellen Besuch: Der Nachfolger meines Vaters im Amt des Staatssekretärs für Kirchenfragen ist einmal nach Israel gefahren. Und zwar deshalb, weil die USA darauf bestanden, dass sich die Beziehungen ändern, bevor

Honecker mal nach Washington eingeladen wird. Andererseits hatte die DDR aber immer gute Beziehungen zur PLO.

Als ich auf dem außerordentlichen SED-Parteitag im Dezember 1989 vorschlug, endlich diplomatische Beziehungen zu Israel aufzunehmen, klatschte der ganze Saal. Das heißt, im Osten gab es ein schlechtes Gewissen. Im Unterschied zu vielen Darstellungen stimmt es zwar nicht, dass die Judenverfolgung und die Nazis keine Rolle gespielt hätten. Zum Beispiel war der Film »Professor Mamlock«* Pflichtprogramm in der Schule. Es gab also in der Kunst, in der Kultur und im Unterricht durchaus Informationen zur Verfolgung der Jüdinnen und Juden. Man wusste sehr wohl Bescheid, früher übrigens als in der Bundesrepublik.

Das Problem ist nur, dass die politische Konstellation im Westen genau umgekehrt war. Während im Osten immer die PLO privilegiert war und Israel nicht, sondern als imperialistische Speerspitze der USA angesehen wurde, hatte die Bundesregierung immer gute Beziehungen zur israelischen Regierung und viel schlechtere zu den Palästinensern. Wenn du also im Westen in die Opposition gegangen bist, hast du dich auf die Seite der Schwächeren gestellt, was ich wiederum verstehe. Und die Schwächeren waren und sind die Palästinenserinnen und Palästinenser. Deshalb hat ein Teil der westdeutschen Linken sich dann zu einseitig in diese Richtung entwickelt. Nicht alle, aber doch ein Teil. Und durch diese unterschiedlichen Erfahrungen sind bei diesem Thema auch bei uns in der Partei unterschiedliche Sichten aufeinandergestoßen.

Aber wenn ich mir die Auseinandersetzung jetzt genau ansehe, muss ich auch sagen: Heike Hänsel war nach dem Vorfall im Bun-

---

* Der Film, der 1961 in die DDR-Kinos kam, beschreibt das Schicksal eines jüdischen Arztes, der nach der Machtergreifung der Nationalsozialisten bedrängt und verfolgt wird und sich schließlich das Leben nimmt, sowie seines kommunistischen Sohnes, der sich vor den Verfolgern retten kann. Das Drehbuch beruhte auf einem Theaterstück des Dramatikers Friedrich Wolf, Regie führte dessen Sohn Konrad Wolf.

destag richtig verzweifelt. Ihr tat das wirklich weh, sie hat geweint, und zwar ehrlich. Es gibt zwei Leute in der Fraktion, mit denen wir bei diesem Thema noch Probleme haben, sonst nicht. Und das müssen wir überstehen. Wir müssen die entschiedensten Kämpfer für eine Zwei-Staaten-Lösung bleiben. Wir müssen sagen: Es gibt ein Recht auf ein sicheres, lebensfähiges Israel. Aber es muss ebenso ein Recht auf ein sicheres, lebensfähiges Palästina geben. Wir dürfen nie einseitig sein, auch wenn das zu Missverständnissen führt. Ich war kürzlich wieder in Ramallah bei der palästinensischen Regierung, weil die mich missverstanden hatten mit meiner Haltung zu Israel, und jetzt bin ich dort auch wieder deutlich beliebter. Ich bin jemand, der sich wünschte, hier wirklich vermitteln und Konflikte lösen zu können.

Wissen Sie, was ich bestimmten Kolleginnen und Kollegen vorgehalten habe und worauf ich nie eine Antwort bekam? »Wenn ihr beklagt, dass Palästinenser getötet werden, dann mit Recht – das ist furchtbar. In Ruanda wurden Hunderttausende getötet, warum habe ich da eure Leidenschaft nicht so gespürt?«

Yad Vashem und der Antisemitismus

Ich habe gelesen, Sie haben in Yad Vashem die Namen Ihrer Vorfahren gesehen.

Den meiner Urgroßmutter, der Mutter meiner Großmutter aus Frankreich. Sie war in Auschwitz. Sie hat von dort eine Karte geschrieben, da stand: »Mir geht es gut, bitte schreibt mir, auch wenn ich nicht antworte.« Furchtbar.

Dass ausgerechnet in Deutschland immer wieder auch antisemitische Töne hochkommen, das ist ja nicht auf die Linkspartei beschränkt.

Sie haben vorhin von dem *Spiegel*-Titel über Sie gesprochen – bei so etwas muss es Ihnen doch kalt den Rücken herunterlaufen.

Mich stört jede Form von Antisemitismus und Rassismus ungemein. Weil es das Irrationalste ist, was es gibt. Ich beurteile Menschen immer nur nach ihrem Charakter. Mir kann ein Türke sehr unsympathisch oder sehr sympathisch sein, und mir kann ein Deutscher sehr unsympathisch oder sehr sympathisch sein. Ich finde die Frage der Religion und der nationalen Zugehörigkeit ziemlich uninteressant. Und ich werde mich immer dafür engagieren, dass Menschen nicht nach ihrer Herkunft oder ihrem Glauben beurteilt werden.

Aber noch etwas zur Judenfeindlichkeit. Ich werde oft gefragt, ob es in der DDR einen verbreiteten Antisemitismus gab. Ich sage dann immer: Nein. Aber was es gab, war eine Intellektuellenfeindlichkeit. Die war groß, und man kann sie durchaus auch als einen gewissen Ersatz für Antisemitismus bezeichnen.

Sie haben schon Recht, emotional bewegt mich das eine wie das andere, die Verfolgung der Jüdinnen und Juden wie die Unterdrückung der Palästinenserinnen und Palästinenser. Ich habe als Kind einmal zu meiner Großmutter gesagt: »Mensch, du unterteilst immer die ganze Welt in Juden und Nicht-Juden, es reicht mir doch, dass du sagst, das ist ein guter Komponist oder ein schlechter Komponist.«

Da sah sie mich an und sagte: »Tja, diese für dich nebensächliche Frage hat leider über mein Leben entschieden.«

Da wusste ich, ich habe gerade einen großen Fehler begangen.

Das Ganze betrifft mich also schon, aber ich möchte darüber gar nicht so sehr reden. Die innere Gefühlswelt, was einem weh tut – ich finde, das gehört alles nur begrenzt in Bücher. Reden wir also von der Fraktion: Wir haben es dort jetzt, muss ich sagen, ganz gut in den Griff bekommen – wie gesagt mit nur zwei Ausnahmen –, und das war mir auch wichtig. Und damit es so bleibt, lese ich beim Thema Israel und Palästina nicht nur den Forderungsteil der Anträge, sondern auch die Begründung. Aber ich habe sie diesbezüglich natürlich auch etwas diszipliniert. Und ich glaube stark, dass Dietmar Bartsch weiter dafür sorgen wird.

»Sahra drückt sich anders aus«

Interessant, dass Sie bei einem kniffligen Thema wie Nahost den Namen Bartsch nennen und nicht den Namen von Sahra Wagenknecht, obwohl Ihnen beide ja gemeinsam nachfolgen sollen. Damit sind wir wieder bei der Zukunft. Es gibt ja den alten Satz: Wer Parteifreunde hat, braucht keine Feinde. Zwischen Ihnen und Sahra Wagenknecht hat es oft sehr unterschiedliche Aussagen gegeben, zum Beispiel in Sachen Russland-Ukraine. Haben Sie diesen Konflikt mal ausgetragen?

Beim Russland-Ukraine-Konflikt ist mir das gar nicht aufgefallen. Da habe ich im Bundestag 2014 eine Rede* gehalten, die sowohl in Russland als auch in der Bundesrepublik erhebliche Relevanz gewonnen hat, jedenfalls für eine Rede. Da hat mir die ganze Fraktion auch nie widersprochen.

Aber zum Beispiel in Sachen Euro ist die Einigkeit nicht so groß. Sahra Wagenknecht denkt laut darüber nach, ob man ihn abschaffen sollte.

Der Einstieg in den Euro war unter den gegebenen Bedingungen falsch, wie ich es 1998 im Bundestag erklärte.** Ihn jetzt abzuschaffen, was sich Sahra wohl wünscht, wäre ebenso falsch. Unser Ex-

---
* Siehe die Dokumentation der Rede auf Seite 189 ff.
** Siehe die Dokumentation der Rede auf Seite 171 ff.

port bräche zusammen, weil wir viel zu teuer würden. Wir brauchen die europäische Integration, kein Zurück zum alten Nationalstaat. Aus dem Kapitalismus kann man nicht austreten, wir müssen die Gesellschaften reformieren.

Insgesamt gilt: Sahra drückt sich immer anders aus als ich. Sie liebt die zugespitzte Formulierung und ist ja auch für ihren Humor nicht sprichwörtlich bekannt. Sie hat einen anderen Stil, und der sei ihr auch in jeder Hinsicht zugebilligt. Und noch etwas muss man verstehen: Sahra hat ihren Vater nie kennengelernt, sie weiß gar nicht, ob es ihn noch gibt. Sie weiß nur, dass er Iraner war oder ist. Sie ist allein bei ihrer Mutter aufgewachsen, sie war dadurch schon etwas diskriminiert in der DDR. Als sie in die SED eintreten wollte, hat man ihr das nicht erlaubt.

Sie sah auch ein bisschen ausländisch aus, und in einer kleinbürgerlich strukturierten Gesellschaft kann das ein Problem sein. Ich weiß noch, als ich ein Kind war, kamen die ersten zwei Schwarzen an unsere Schule – damals sagten wir noch Neger –, da war was los! Vor Neugier sind wir fast geplatzt: dass wir plötzlich Afrika sehen! Ich weiß gar nicht, woher sie kamen ... egal.

In diesem Umfeld hat Sahra natürlich nach anderen Menschen gesucht, an denen sie sich orientieren konnte. Und sie hat sich ein großes theoretisches Wissen erarbeitet. Außerdem tritt sie auch in den Medien gut auf, und sie wird von vielen auch in bürgerlichen Kreisen – also bei Ärzten, Ingenieuren und so weiter – geschätzt, die die Art ihres Auftretens mögen. Ihr Stil ist nicht mein Stil, und es muss auch gar nicht mein Stil sein. Ich habe sie vorgeschlagen, weil sie eine der intelligentesten Vertreterinnen ihres Flügels ist. Und ich glaube, dass sie auch in der Lage ist, mit Dietmar Bartsch zu Kompromissen zu finden, die die Kritikfähigkeit der Partei erhöhen. Es geht allerdings nicht um einen Kompromiss für die beiden, sondern für die Fraktion und die Partei. Ich kann nur hoffen, dass es gelingt.

»Ich habe einiges erreicht, aber vieles auch nicht«

Ist das nicht ein Armutszeugnis für eine Partei, wenn ihre zwei Flügel offenbar so unfähig zur Gemeinsamkeit sind, dass sie sie in Doppelspitzen ausdrücken muss?

Bei den Grünen ist das ja nicht anders …

… das behaupte ich auch nicht …

… Katrin Göring-Eckardt steht dort für diejenigen, die eher zur CDU wollen, und Anton Hofreiter steht eher für die anderen. Was die besser können als wir, ist, das Ganze zu tarnen. *(Lacht)* Das muss ich ihnen lassen. Ich wollte ja eine plurale Partei, ich will nicht mehr die Einheit und Reinheit der Lehre, das war ja nun wirklich furchtbar. Man kann unterschiedliche Ansätze haben, allerdings: Man darf nie etwas verspielen. Wenn wir jetzt zum Beispiel sagten, wir gehen sowieso in keine Regierung, dann würden wir etwas verspielen. Wir würden einen beachtlichen Teil unserer Wählerinnen und Wähler verstören, und zwar zu Recht. Deshalb sagt es ja auch keiner so. Aber manche wählen die andere Methode und versuchen, 45 rote Linien zu ziehen, die bei einer Regierungsbeteiligung nicht überschritten werden dürfen – und hoffen, dass die SPD schon an der zweiten scheitert. Das ist so eine indirekte Methode, und das habe ich ihnen bei meiner Abschiedsrede auf dem Bielefelder Parteitag* auch gesagt.

Hinter diesen Abwehrhaltungen steckt, meine ich, eine ideologische Angst, und die gibt es nicht nur in meiner Partei. Ich habe zum Beispiel in Bezug auf Griechenland über Wolfgang Schäuble

---

* Siehe die Dokumentation der Rede auf Seite 205 ff.

gestaunt – ich wusste gar nicht, dass er auch so ideologisch geprägt ist. Das ist irrational! Wenn wir Griechenland kaputt machen, müssen wir 27 Prozent von deren Schulden bezahlen. Aber dieses Anti-Linke hatte ein solches Gewicht in Schäubles Überlegungen, viel mehr als bei Merkel, dass er auch diese Folgen in Kauf nimmt. So kam der Widerspruch zwischen den beiden zustande.

Ich weiß ja, dass eine Ideologie dazugehört, ich habe auch gar nichts gegen eine vernünftige Ideologie. Aber ich habe etwas gegen eine, die mich so bindet, dass sie mir das Nachdenken abnimmt. Bei der ich nur noch sagen muss: Das ist nach der Linie so und so und Schluss und aus, weiter darf ich erst gar nicht denken. Das hat mir schon die SED erzählt: dass die Partei immer Recht hat, selbst wenn sie nicht Recht hatte. Bei Friedrich Engels habe ich gelernt: Das Entscheidende ist der Zweifel. Aber die SED erzählte mir das Gegenteil. Deshalb gibt es bestimmte Dinge, die ich nicht mag.

Insgesamt kann ich nur sagen: Ich habe natürlich weder in der Gesellschaft noch in der Partei das geschafft, was ich gerne geschafft hätte. Ich habe einiges erreicht, das habe ich ja am Anfang aufgezählt; aber vieles auch nicht. Zum Beispiel hat die CDU/CSU-Bundestagsfraktion den Kalten Krieg gegen uns bis heute nicht eingestellt. Dabei ist das nun wirklich nicht mehr zeitgemäß: Wenn du in einer Sache übereinstimmst, wirst du doch mal zusammen einen Antrag stellen können! Das können die nicht. Noch nicht zumindest.

Das habe ich nicht geschafft, anderes auch nicht. Aber irgendwann muss die Übergabe erfolgen, und es gibt Chancen. Die Frage ist, ob die Chancen genutzt werden oder nicht. Das weiß ich letztlich auch nicht.

Oskar Lafontaine und das Rededuell von Göttingen

Noch beim Parteitag in Göttingen 2012 haben Sie selbst von Hass gesprochen und von Denunziation. Das ist allgemein als Auseinandersetzung mit Oskar Lafontaine wahrgenommen worden. Was war da geschehen? Vor dem Zusammenschluss von PDS und WASG 2007 hatten Sie gesagt, Sie würden einander genug Vertrauen entgegenbringen, um das gemeinsam zu machen.

Die Zusammenarbeit mit Oskar Lafontaine hat über mehrere Jahre sehr gut funktioniert. Und zwar, weil er mich ebenso respektiert hat wie ich ihn. Als es im Zusammenhang mit dem Iran und auch mit Israel zu Widersprüchen zwischen uns kam, hat er eine kluge Entscheidung getroffen, indem er sagte: »Gregor, ich habe mir das überlegt, du bist ab jetzt für Außenpolitik zuständig.« Und weiter sagte er: »Ich mache Wirtschafts- und Finanzpolitik und mische mich bei dir nicht ein, und du mischst dich möglichst auch bei mir nicht ein.«

Das war für unsere Außenpolitiker hart, die hätten viel lieber Oskar gehabt als mich, aber nun bekamen sie halt mich. Und er hat das wirklich so gemacht – das kann Oskar! Er hat sich diesbezüglich wirklich nicht mehr eingemischt. Er hat mal eine Frage gestellt, wie ich auch bei Wirtschaft, Steuern oder Finanzen. Aber im Kern haben wir diese Aufteilung akzeptiert.

Dann gab es eine Schwierigkeit zwischen uns, die mit Dietmar Bartsch zusammenhing. Er kandidierte für den Parteivorsitz, und Oskar wollte das nicht. Das zweite Problem war: Oskar Lafontaine wollte – aus politischen, nicht so sehr aus persönlichen Gründen –, dass ich Sahra im Fraktionsvorsitz an meine Seite nehme, wofür ich wiederum keinen Grund sah, weil ich nicht wusste, welche Arbeit sie mir abnimmt. Der Apparat – das alles liegt ihr nicht.

Aber es gab auch Schwierigkeiten in der Fraktion, und die waren viel größer als die Probleme zwischen Oskar und mir. Ich konnte ja nicht den Flügel vertreten, der gehofft hätte, dass ich ihn vertrete. Ich war der Vorsitzende der Fraktion, und zwar der alleinige Vorsitzende. Wenn das so ist, dann bist du auch der Vorsitzende derer, in die du nicht verliebt bist. Das darfst du nie vergessen! Genau das habe ich jetzt auch Sahra und Dietmar gesagt.

Aber zurück zu Oskar und der Fraktion: Da spitzte sich damals die Lage wirklich täglich zu. Die Denunziationen nahmen zu, den Zeitungen wurden Meldungen von A gegen B gesteckt und von B gegen A. Die Diskussionen wurden täglich unerquicklicher, man spürte Hass und Ablehnung und vieles andere. Ich sagte: »Jetzt langt es mir! Ich halte jetzt eine Aufräumrede und kriege sie diszipliniert und wir machen, wenn man so will, einen Neustart oder nicht. Aber versuchen muss ich es. Dann kriegen wir wieder die Kurve bis zur Bundestagswahl 2013.« Es war ja gut ein Jahr zuvor. Unmittelbar vor der Bundestagswahl wäre es tödlich gewesen, aber wir hatten ja noch Zeit. Tja, und dann habe ich diese Rede* gehalten, und ehrlich gesagt: Danach fühlte ich mich viel, viel besser. Keiner kannte die Rede außer dem Pressesprecher Hendrik Thalheim, weil ich immer noch etwas änderte an dem Tag. Ich arbeite ja Reden ungern wörtlich aus …

Furchtbar für Journalisten übrigens …

Ja. Aber wenn ich eine ausarbeite, schrieb Mechthild Küpper damals in der *FAZ*, dann hat sie Gewicht. Das war einmal der Fall bei einer Rede zu Israel – auch die war wörtlich ausgearbeitet –, und jetzt eben diese. Aber sie war trotzdem nicht langweilig, glaube ich. Ich habe dabei natürlich auch in das Gesicht von Oskar gesehen und von Klaus Ernst** – tiefes Entsetzen! *(Lacht.)*

---

* Siehe die Dokumentation der Rede auf Seite 179 ff.
** Ernst, der als Gefolgsmann Lafontaines galt, hatte nach dessen Rückzug wegen einer Krebserkrankung 2010 den Vorstandsposten an der Seite von Gesine

Wissen Sie, wie das vorher ablief? Erst einmal ging es im Parteivorstand darum, ob ich überhaupt eine Rede halte. Dann wurde gesagt: »Das steht im Statut, er muss den Bericht der Fraktion geben.«

Daraufhin die anderen: »Dann muss auch Oskar Lafontaine sprechen.«

Antwort: »Ja, als was denn? Er ist Fraktionsvorsitzender im Saarland!«

Wieder die anderen: »Ja, aber er ist auch Vorsitzender der Internationalen Kommission beim Bundesvorstand.«

Dann war das entschieden, aber jetzt gab es den Streit, wer zuerst redet. Daraufhin haben sie – das ist kein Witz – eine Münze fallen lassen, und die entschied, dass ich zuerst reden muss. Alle dachten, das ist ein Gewinn für Oskar, aber am Ende kam es genau umgekehrt. Hätte er vor mir gesprochen, hätte er wohl eine gute Rede gehalten. Aber nach meiner konnte er keine gute Rede mehr halten. Was mir leidtat, das war gar nicht meine Absicht, aber dieses Aufräumen, das wollte ich. Manchmal passieren die Dinge eben anders, als man sie vorher einordnet. Und das hat die Fraktion schon einigermaßen wachgerüttelt. Weil die Mitglieder wohl gemerkt haben, sie könnten mich auch verlieren, und dafür bezahlen sie am Ende alle.

Am Ende hatte Lafontaine zwar Bartsch verhindert, aber auch er selbst war gewaltig gestutzt. Und das war auch das Ziel, oder?

Lötzsch übernommen. Lafontaine hatte die Partei von 2007 bis 2010 gemeinsam mit Lothar Bisky geführt. 2012 erhob Lafontaine wieder Anspruch auf den Vorsitz, zog aber kurz vor dem Parteitag zurück. Dietmar Bartsch beharrte auf seiner Kandidatur für den anderen Vorsitzenden-Posten, bekam aber keine Mehrheit. Am Ende wurden Katja Kipping und Bernd Riexinger zu Vorsitzenden gewählt.

Nein, so denke ich nicht. Ich wollte, dass sie einen anderen Umgang miteinander pflegen. Ich habe auf dem Parteitag in Bielefeld zu meinem Abschied vom Fraktionsvorsitz gesagt: »Ich darf jetzt nicht den Fehler begehen, mir zu überlegen, wie ich heimlich die Fraktion weiter leite.« Das werde ich auch nicht tun.

Sie müssen sich allerdings überlegen, wie Sie das machen, sie nicht weiter zu leiten.

Ja, aber da habe ich mir auch schon was überlegt.

Wo bleibt die Wende? Merkel, Gauck und das Problem mit der Wechselstimmung

»Die Kerle dachten, sie schicken Mutti wieder nach Hause«

Lassen Sie uns über die politische Lage insgesamt reden, auch jenseits Ihrer Partei. Die allgemeine Meinung sagt, Angela Merkel richte ihr Fähnchen nach dem Wind. Andere sagen, Frau Merkel habe sehr wohl ein inhaltliches Programm. Glauben Sie, dass sie für eine Richtung steht?

Zunächst einmal: Ich glaube, dass die Mitgliedschaft der Ostdeutschen in einer Partei nach der Wende eher zufälliger Natur war – jedenfalls außerhalb der PDS und von Bündnis 90/Die Grünen, die ja ihre Wurzeln in der DDR hatten. Das ist gar kein Vorwurf. Wir waren so nicht geprägt. Theoretisch hätten Frau Merkel auch in der SPD und Manfred Stolpe, der für die SPD Ministerpräsident in Brandenburg war, in der CDU landen können. Aber wenn du einmal in einer bestimmten Partei bist, dann prägt sie dich natürlich auch.
Zweitens: Die Männer neigten dazu, Angela Merkel zu unterschätzen. Die CDU-Männer dachten, ihr Aufstieg sei eine vorübergehende Erscheinung. Es ist ja so: Wenn du aus Ostdeutschland kamst, warst du von vornherein verdächtig. Nur bei der Spendenaffäre der CDU war es umgekehrt: Alle, die aus dem Westen

kamen, hatten schon einen Zeh im Sumpf, nur wenn du aus dem Osten kamst, musstest du unschuldig sein. Deshalb hat man sich doch auf Angela Merkel verständigt. Die Kerle haben gedacht, nach einem Jahr schicken sie Mutti nach Hause und übernehmen ihren Laden wieder. Da haben sie sie maßlos unterschätzt – sie hat sie nach Hause geschickt, einen nach dem anderen. Das kann sie offenbar.

Wissen Sie, ich kann mit dem Begriff »inhaltliche Vorstellungen« in diesem Zusammenhang wenig anfangen. Ich weiß nicht, ob Angela Merkel die Gesellschaft unbedingt so oder so entwickeln will. Aber sie ist natürlich auch durch ihre Herkunft und ihre Geschichte geprägt. Ich glaube zum Beispiel, dass sie nicht so eine Anti-Haltung zur griechischen Regierung hat wie Wolfgang Schäuble. Natürlich geht die ihr zum Teil auf die Nerven. Aber sie steht eben in einer anderen Funktion: Sie muss immer mit den Präsidenten und Regierungschefs reden, und die haben natürlich bestimmte Vorstellungen. Ich glaube, ihr ist es auch unheimlich, wenn Deutschland eine zu große Rolle spielt, und das hängt auch mit ihrer Herkunft aus der DDR zusammen.

Aber man darf Angela Merkel auch nicht überschätzen. Sie kann sich irren wie jeder andere, und sie hat zum Beispiel kein Konzept für Europa. Das ist ganz offenkundig. Geschweige denn ein Konzept für die Entwicklung von Weltpolitik. Man kann das beim Thema Flüchtlinge ganz einfach auf den Punkt bringen: Entweder fangen wir ernsthaft an, die Weltprobleme zu lösen – oder sie kommen täglich verschärfter zu uns. Da sehe ich ihr Konzept nicht, denn sie hat keins.

Nochmal zu Europa: Im Endeffekt steht Merkel für eine Politik, die Sie als Linkspartei neoliberal nennen würden, banal gesagt. Das ist doch eine politische Linie?

Ja, aber Sie haben mich gefragt, wie sie inhaltlich dazu steht. Und das kann ich schlecht einschätzen. Sie ist ja keine Anhängerin des

Kapitalismus dergestalt, dass sie sagt: »Wunderbar, jetzt können wir endlich Renten und Löhne senken!« Als wir in der Finanzkrise waren, hat sie eine Abwrackprämie eingeführt und das Kurzarbeitergeld verlängert. Aber dem Süden wird gesagt, er solle das Gegenteil betreiben – das wenigstens müsste doch mal auffallen!

Es gibt also schon eine Grundlinie, und die war längst festgeschrieben, als zuletzt mit Griechenland verhandelt wurde. Da ging es nur noch um die Frage bestimmter Kompromisse im Einzelnen, und da war sie eben zugänglicher als Schäuble. Letztlich wollen die beiden aber in dieselbe Richtung.

Schließlich dürfen Sie eines nicht vergessen: Merkels Stärke besteht darin, dass sie bescheiden wirkt, dass sie materiell überhaupt nicht interessiert und nicht eitel ist. Die SPD hat übrigens 2013 den Fehler gemacht, als Gegenkandidaten einen aufzustellen, der in allen drei Punkten das Gegenteil ausstrahlt. Peer Steinbrück wäre als Gegenkandidat nur dann geeignet gewesen, wenn wir in einer tiefen Krise gewesen wären und Frau Merkel den Eindruck der Überforderung gemacht hätte. Und wenn er auf die Leute seinerseits den Eindruck gemacht hätte, dass er das souverän meisterte. Dann hätte er eine Chance gehabt – aber so konnte man's vergessen.

Schäuble, die Kanzlerin und die »Alternativlosigkeit«

Warum macht Frau Merkel die Politik, die sie als alternativlos beschreibt, wenn sie nicht auf einem Gesellschaftsbild beruht? Meinen Sie, weil sie unter irgendwelchen Einflüssen steht?

Also erstens mag ich den Begriff »alternativlos« nicht. Schon Schröder fing damit an – dann hat er sich korrigiert, denn es gibt immer

Alternativen zu einer bestimmten Politik. Frau Merkel sagt das Gegenteil auch gerne. Aber wenn es stimmte, bräuchten wir keine Demokratie. Wenn es keine Alternativen gibt, brauchen wir keine Opposition. Man kann natürlich meinen, die eigene Entscheidung sei die vernünftigere. Aber so zu tun, als ob es keine Alternativen gäbe – das stimmt einfach nicht.

Zweitens denke ich, Frau Merkel braucht die Rolle, die sie spielt. Dringend. Und danach richtet sie auch ihre Politik aus. Um diese Rolle nicht zu gefährden, braucht sie die Mehrheit ihrer Fraktion und große Teile der Bevölkerung hinter sich, und das Kabinett muss funktionieren. Und ich glaube, dass es das ist, was sie prägt.

Schäuble ist ganz anders, er hat auch eine vollkommen andere Herkunft. Ich glaube, er ist ein Anhänger der Idee vom Kern-Europa. Er findet es falsch, dass der Süden überhaupt zum Euro gehört. Dass er zur EU gehört, das findet auch Schäuble okay – aber nicht zum Euro. Da will er einen Bund mit Frankreich, Holland und einigen anderen. Weil er aber Jurist ist und kein Finanzwissenschaftler, weiß er letztlich nicht, wie das geht. Das ist natürlich ein großes Risiko. Wenn sie den Süden in irgendeiner Form aus dem Euro rausdrängten, kann der ganze Euro tot sein. Wenn aber der Euro tot ist, zahlen wir, Deutschland, in erster Linie. Weil wir als Vizeweltmeister des Exports zusammenbrechen würden. Denn unsere Währung hätte einen hohen Wert, viele andere Währungen wären wesentlich weniger wert, und damit wären unsere Exporte für diese Länder viel zu teuer. Selbst wenn sie die Löhne bei uns nicht nur senkten, wie seinerzeit Schröder, sondern gleich ganz abschafften, wären wir zu teuer. Und der Witz ist: Schäuble denkt – wie übrigens auch Oskar –, dass man mit den anderen Ländern dann wieder feste Wechselkurse vereinbaren kann. Die werden uns aber was husten! Die werden nämlich dann die Tatsache, dass sie so billige Währungen haben, nutzen, um ihren Export zu steigern. Und wir sind die Gelackmeierten.

Ich kann das rational gar nicht nachvollziehen, was Frau Merkel und Herr Schäuble da treiben. Es ist ja nicht so, dass sie nicht im Prinzip das Gleiche will wie er – aber Herr Schäuble ist einfach ideologischer geprägt als sie. Dadurch wäre sie vielleicht in dem einen oder anderen Punkt kompromissfähiger. Andererseits müssen sie natürlich auch Härte zeigen, weil sie die Entwicklung in ihrer Fraktion sehen. Sie hatten ja nun schon zweimal mehr als sechzig Gegenstimmen bei Griechenland-Abstimmungen. Allerdings: Sie haben eine so dicke Mehrheit mit der SPD, dass sie sich alles Mögliche leisten können. Apropos: Was ich trauriger finde, ist die Entwicklung der SPD. Wie ist eigentlich deren Haltung? Das weiß kein Mensch.

»Wenn sich Türen öffnen, muss man auch Ja sagen«

Sie haben vorhin gesagt, es gab Zeiten, da war es für Ostdeutsche fast egal, ob man zufällig in der SPD oder in der CDU landete. Heute könnte man ja als Linker sagen, es ist fast egal, ob man in der CDU oder in der SPD ist – die Politik ist ähnlich.

Die Unterschiede sind eher kulturell. Aber: Frau Merkel, das muss man ihr lassen, hat der SPD über die letzten Jahre zehn Prozentpunkte Stimmen abgenommen, und die bekommt die Union bei Umfragen immer wieder. Das ist natürlich ihre Stärke. Merkel kann den Hardlinern in ihrer Fraktion immer sagen: »Wenn ich einen Kurs mit der AfD fahre und wir ein Bündnis mit ihr eingehen, dann verliere ich die zehn Prozentpunkte wieder.« Und das können die nicht widerlegen.

Für diese zehn Prozent macht sie dann zum Beispiel den Mindestlohn, und das ist für die Linkspartei ein Problem. Ist zurzeit nicht das größte Hindernis für die Opposition dieses Merkel-deckt-alles-ab-Gefühl? Sie stehen doch nur noch als Nörgler da.

Wissen Sie, ich bin in die Politik gegangen, um gesellschaftliche Veränderungen zu erleben. Dann erst kommen Wahlergebnisse. Da ich wirklich ein Vorkämpfer des flächendeckenden gesetzlichen Mindestlohns war, und zwar schon seit Mitte der neunziger Jahre, als ich von allen Seiten dafür beschimpft worden bin …

… auch von Oskar Lafontaine …

… von der SPD und von den Gewerkschaften, von fast allen, sage ich Ihnen! Nur drei Gewerkschaften waren dafür, die anderen waren alle dagegen. Das ist etwas, das ich mit Stolz sehe: Jetzt haben wir ihn! Noch mit Ausnahmen und allem Möglichen, aber er ist da, und er wird sich entwickeln.

Ich beschreibe es mal an einem anderen Thema: Ich habe einmal einen wirklichen Abstimmungsfehler begangen, der mir bis heute leidtut. Da ging es um das Partnerschaftsgesetz und das Gleichstellungsgesetz für Lesben und Schwule. Wir hatten in der Fraktion zwei Frauen, die lesbisch waren, und die sagten, das reiche alles nicht, weil dieses fehlt und jenes fehlt, und daraufhin haben wir uns der Stimme enthalten. Und ich habe gesagt, da war ich nicht mehr Fraktionsvorsitzender: »Leute, ich bin eigentlich für Ja, aus den und den Gründen.« Aber außer mir waren bloß noch zwei oder drei dafür, und dann habe ich mir gesagt: »Na, nun nimm dich nicht so wichtig, dann enthältst du dich eben auch.«

Das ärgert mich bis heute. Man muss bei einem Türöffner Ja sagen. Ich wusste, was mit diesem Gesetz passiert. Das Bundesverfassungsgericht und die anderen Gerichte würden dieses Gesetz nutzen und die Tür immer weiter öffnen. Ich habe eine verpartnerte Frau aus dem öffentlichen Dienst vertreten, die etwas nicht bekam, was Eheleute bekamen. Wir haben beim Verwaltungsgericht geklagt, es ging um eine ganze Menge Geld. Und wir haben letztlich gewonnen, weil das Verwaltungsgericht einen Schritt weiter war als die Bundesregierung. Und deshalb, das ist meine Erfahrung, muss man bei einem Türöffner in die richtige Richtung immer Ja sagen. Das muss die Linke noch lernen. Zu sagen: »Es steht nicht alles drin, was wir wollen, aber endlich wird eine Tür geöffnet!«

Das ist übrigens, nebenbei gesagt, die größte kulturelle Veränderung in meinem Leben. Als ich ein Kind war, wurden erwachsene Männer noch eingesperrt, wenn sie sexuelle Beziehungen zueinander eingingen. Heute stehen wir kurz vor dem Recht auf Eheschließung. Das ist schon etwas. In den USA ist die Zulassung der gleichgeschlechtlichen Ehe jetzt für verbindlich erklärt worden. Im katholischen Irland hat das eine Mehrheit der Bevölkerung entschieden. Deshalb sage ich: Diese realen Veränderungen sind mir wichtiger, auch wenn ich dadurch einen halben Prozentpunkt verlöre.

Aber zurück zu Angela Merkel. Ich habe in einer meiner letzten Europa-Reden im Bundestag – die scharf war – gesagt: »Ich glaube, dass Schäuble, Gabriel und Merkel gerade ihren größten politischen Fehler begehen in Bezug auf Europa.« Weil sie die europäische Idee nicht stärken, sondern für die nächste Generation Schritt für Schritt kaputt machen. Dazu haben sie nicht das Recht. Eigentlich wollen sie das auch nicht. Und deshalb ist das ein so schwerwiegender Fehler. Sein Kern-Europa kann Schäuble vergessen. Wir brauchen die Europäische Union schon allein für den Frieden in Europa.

»Die große Koalition ist demokratiegefährdend«

Wenn Sie sagen, es gehe um gesellschaftliche Dinge, nicht um einen halben Prozentpunkt: Man kann das Wort alternativlos auch nochmal anders wenden. In Zeiten der großen Koalition ist es extrem schwer zu erreichen, dass überhaupt noch in gesellschaftlichen und politischen Alternativen gedacht wird. Für viele sieht es eben wirklich so aus, als wäre alles abgedeckt durch die große Koalition. Noch einmal: Ist das nicht eine der schwierigsten Situationen für eine linke Partei? Dies noch vor dem Hintergrund, dass ein Teil der Unzufriedenheit eher nach rechts wandert als nach links. Wie kann man dem begegnen?

Natürlich ist das ein Problem. Die große Koalition ist, je länger sie hält, demokratiegefährdend, weil Wahlen kaum noch eine Rolle spielen. Die Leute sagen sich: Die werden sowieso zusammen regieren, und es langt ja immer für sie. Auf der anderen Seite ist diese große Koalition für die Linke auch wieder eine Chance. Wir sind Oppositionsführerin, wir reden unmittelbar nach der Kanzlerin oder unmittelbar nach Schäuble oder Gabriel, wenn sie Regierungserklärungen abgeben. Und beim Haushalt, wenn es um den Kanzleretat geht, spreche ich – beziehungsweise später die neuen Fraktionsvorsitzenden – vor der Kanzlerin. Das alles sind schon besondere Momente, sodass wir in den Medien eine viel größere Rolle spielen. Auch hinsichtlich der Alternativen, die wir anbieten. Natürlich nicht ausreichend aus unserer Sicht, aber immerhin.

Ich sehe das also nicht nur negativ. Aber trotzdem: Wenn es so weitergeht, wenn wir 2017 die nächste große Koalition bekommen und 2021 wieder, dann wird die Demokratie wirklich gefährdet. Deshalb habe ich auch in meiner Abschiedsrede auf dem Bielefelder Parteitag gesagt, dass wir uns öffnen müssen. Dass es in der Politik immer auch um Alternativen geht. Und zwar nicht nur um eine Personalalternative, sondern vor allem um eine politische Alternative. Es sieht zwar im Moment nicht nach einem Wechsel aus, aber eines darf man nie unterschätzen: Die Stimmung in der Bevölkerung kann sich ändern. Im Augenblick ist es ruhig, es gibt nur ein Brodeln unter der Oberfläche. Aber wenn das kippt und plötzlich eine Stimmung herrscht, dass es einen Wechsel geben muss – so wie in Berlin nach Diepgen beim Bankenskandal* –, dann muss man vorbereitet sein.

Und schließlich darf man nicht unterschätzen, dass in ganz Europa die Entwicklung nach rechts geht. Die Wahlerfolge, die Syriza in Griechenland hatte, täuschen in gewisser Hinsicht, ebenso die neue Partei Podemos in Spanien. Das sind gute, positive Entwicklungen. In beiden Ländern, Griechenland und Spanien, wächst zugleich aber auch der Rechtsextremismus. Erst recht in Frankreich. Und er nimmt auch in Deutschland zu.

Das liegt unter anderem an der falsch eingeführten Währungsunion. Wenn Sie mal Zeit haben, hören Sie sich meine Rede dazu von 1998** an: Bei der Einführung des Euro habe ich wirklich auf fast alles hingewiesen, was wir jetzt erleben. Griechenland spielte keine Rolle, weil Griechenland damals noch nicht dazugehörte. Und das Ergebnis dieser Fehlentwicklungen ist, dass jetzt der Wunsch nach Nationalismus, dass Rassismus zunimmt. Viele Leute wollen wieder kleinere, übersichtlichere Einheiten, weil Europa für sie nicht überschaubar ist: Wer beschließt da eigentlich was? Wenn

---

* Im Jahr 2001 war bekanntgeworden, dass die 1994 gegründete Bankgesellschaft Berlin mit fragwürdigen und hochriskanten Immobiliengeschäften Milliardenverluste eingefahren hatte, für die das Land Berlin haften musste. Wegen des Skandals wurde der Regierende Bürgermeister Eberhard Diepgen (CDU) am 16. Juni 2001 im Abgeordnetenhaus von SPD, Grünen und PDS per Misstrauensvotum gestürzt. Nach der Neuwahl am 21. Oktober 2001 bildete der neue Regierende Bürgermeister Klaus Wowereit (SPD) den rot-roten Senat, dem Gregor Gysi als Bürgermeister und Senator für Wirtschaft, Arbeit und Frauen angehörte.

** Siehe die Dokumentation der Rede auf Seite 171 ff.

ein Bürgermeister dir zum Beispiel sagt: »Das geht nicht nach Europarecht« – dann stimmt das in der Hälfte der Fälle, in der anderen Hälfte ist es frei erfunden, aber du kannst das gar nicht unterscheiden. Die Leute sind überfordert. Das macht mir Sorgen! Deshalb habe ich vorhin von Übersetzen gesprochen, um wieder eine Verständlichkeit herzustellen. Im Augenblick wird die europäische Idee gefährdet, und es gibt die Gefahr einer Rechts-Entwicklung. Die kann sich ganz Europa nicht leisten, geschweige denn Deutschland.

Sie plädieren aber nicht für die Abschaffung des Euro?

Als der Euro eingeführt wurde, war das falsch, weil wir die Bedingungen nicht hatten. Wir, die damalige PDS, hatten ein Schild, da stand nicht drauf »Euro – nein«, sondern »Euro – so nicht«. Wir haben schon damals gesagt: »Wir brauchen abgesprochene Steuerstandards, wir brauchen abgesprochene Lohn- und Sozialstandards, ökologische und juristische Standards.« Das gibt es zum wichtigsten Teil bis heute nicht! Außerdem müssen die Wirtschaften ja wenigstens ähnlich stark sein. Die Unterschiede dürfen so groß sein wie zwischen Texas und New York, aber doch nicht so groß wie zum Beispiel zwischen Deutschland und Portugal! Denn wenn du in dieser Situation einfach nur die Währung beschließt und nicht gemeinsame Standards, dann sind die niedrigsten, die billigsten Varianten die entscheidenden.

Was glauben Sie, warum wir in Deutschland die Agenda 2010 hatten? Auch wegen des Euro! Die prekäre Beschäftigung, der größte Niedriglohnsektor in Europa – das alles gab es auch, weil wir uns über den Euro gezwungen hatten, Kosten zu senken, wenn man Vizeweltmeister des Exports bleiben wollte. Damit wurde dann wieder der Süden getroffen, weil dessen eigene Exporte zurückgingen und er unsere Produkte bezahlen musste. Wenn man es so macht, muss man bei einer gemeinsamen Währung eines Tages auch dafür bezahlen.

Wenn wir allerdings die Währungsunion jetzt rückgängig machten, wären die Folgen schlimm. Wir müssten davon ausgehen, dass die anderen Währungen in Europa einen niedrigeren Wert hätten, während unsere Währung einen noch höheren Wert bekäme. Das hätte zwar den Vorteil für unsere Bevölkerung, dass ihre Sparguthaben wieder etwas wert sind und bessere Zinsen abwerfen. Aber es hätte den enormen Nachteil, dass die anderen unsere Produkte nicht mehr bezahlen können und unser Export zusammenbricht. Und zwar so, dass wir Massenarbeitslosigkeit und viele andere sehr unangenehme Erscheinungen bekommen. Das können wir uns gar nicht leisten. In allen betroffenen Ländern gäbe es einen Verarmungsprozess.

Europa und die soziale Frage

Da wir von Alternativen reden: Was wäre jetzt zu tun?

Meines Erachtens müssten wir beim Süden ganz klar entscheiden: Weg vom Abbau, hin zum Aufbau. Das ist die einzige Chance. Wir brauchen erstens so etwas wie einen europäischen Marshallplan. Wenn wir den Süden aufbauen, sind sie auch in der Lage, ihre Schulden zurückzubezahlen, zumindest zu einem erheblichen Teil.

Zweitens: Ich bin, auch wenn Sahra dafür ist, gegen einen Schuldenschnitt allein in Bezug auf Griechenland. Ich bin für eine Schuldenkonferenz ähnlich wie die für Deutschland nach dem Zweiten Weltkrieg, bei der die wichtigsten Gläubigerstaaten der Bundesrepublik einen Großteil ihrer Altschulden erlassen haben. Heute müssten wir bei so einer Konferenz über die Schulden aller Euro-Staaten sprechen, von Deutschland bis Irland. Wir müssen uns überlegen, wie wir das Problem insgesamt lösen, nicht nur in einem Land.

Dabei käme ja auch ein Schuldenschnitt für Griechenland heraus. Warum sind Sie dann dagegen?

Ja, sicher kämen auch ein Schuldenschnitt und andere Schuldenerleichterungen für Griechenland heraus. Aber verstehen Sie: Nur für ein Land, das hilft nicht. Wir brauchen diese Schuldenkonferenz für die gesamte Eurozone, das wäre wichtig.

Dann kommt hinzu: Wir müssen die soziale Frage in ganz Europa wieder ernst nehmen, auch in unserem Interesse. Wenn die Jugendlichen wie in Griechenland zu fast 60 Prozent arbeitslos sind, werden viele erstens nach rechts gehen, und zweitens werden sie Europa nicht akzeptieren. Aber schon aus friedenspolitischen Gründen brauchen wir das integrierte Europa. Und wir müssen endlich auch in Deutschland den Weg gehen, dass wir die Kaufkraft der Menschen wieder stärken, dass wir die Binnenwirtschaft ankurbeln, damit wir nicht auf Dauer zu unserem Nachteil und zum Nachteil der importierenden Länder so stark vom Außenhandel abhängig sind. Das muss anders werden. Das bekommt man zwar nicht über Nacht hin, aber wenn ich die Verantwortung trüge, könnte ich es Schritt für Schritt korrigieren. Ich sehe also schon Alternativen.

Ich muss in diesem Zusammenhang auch noch etwas zum Russland-Ukraine-Konflikt sagen. Die größte Frechheit ist für mich: Obama und die US-Administration haben uns immer gesagt, wir sollen Wirtschaftssanktionen gegen Russland beschließen. Die hat die EU auch artig beschlossen. Aber was haben die USA gemacht? Sie haben ihren Handel mit Russland ausgeweitet. Das musst du erstmal hinkriegen! Die sagen uns, »Ihr müsst Wirtschaftssanktionen beschließen« – und weiten in der Zeit ihren Handel aus.

»Politiker aus dem Osten ragen in gewisser Weise heraus«

Ich komme nochmal zurück zu Merkel und ihrer ostdeutschen Herkunft. Ich frage mich, ob es eine Form von Reaktion auf das Erwachsenwerden in der DDR gibt, die da lautet: Ich habe einen »diktatorischen Sozialstaat« erlebt …

… keine schlechte Formulierung …

… ohne freie Wirtschaft, sodass geradezu reflexhaft die freie Marktwirtschaft eine höhere Bedeutung hat als die soziale Komponente. Könnte das ein Grund für das Verweigern von Alternativen sein, wie Sie sie fordern? Das gälte dann nicht nur für Merkel, sondern auch für Joachim Gauck.

Man ist immer durch seine Herkunft geprägt. Wie ich es vorhin im Zusammenhang mit der SED gesagt habe: Wenn du einmal erlebt hast, wie über Parteiverfahren immer die Einheit und Reinheit der Lehre durchgezogen wurde, bist du dagegen allergisch. Was Marktwirtschaft und Sozialstaat betrifft: Man kann es auch übertreiben mit dem Dagegen-Sein. Ich sage immer: Der Kapitalismus kann eine funktionierende Wirtschaft hervorbringen. Ich will keine Gesellschaft, in der es eine Mangelwirtschaft gibt. Die kenne ich ja. Wir brauchen eine funktionierende Wirtschaft. Deshalb würde ich niemals alles verstaatlichen. Die großen Konzerne, die großen Banken sind mir viel zu mächtig, dagegen würde ich etwas machen. Aber nicht gegen den Mittelstand, den brauchen wir dringend, auch privatwirtschaftlich.

Natürlich sind auch Leute wie Angela Merkel und Joachim Gauck auf ihre Weise durch die DDR-Erfahrung geprägt. Aber Sie müssen zugleich Folgendes sehen: Es gab ja in der alten Bundesrepublik nach 1945 herausragende Politiker. Das war eine gewaltige Umbruchzeit, und es kamen unterschiedlichste Biografien zusammen: Adenauer, Erhard, Strauß, Brandt, Wehner. Nehmen Sie das Leben von Herbert Wehner, dem Ex-Kommunisten und SPD-Politiker: Was hat das mit dem Leben eines konservativen Katholiken wie Konrad Adenauer oder mit dem rechten Bayern Franz Josef Strauß zu tun? Nichts. Oder Willy Brandt: Seine Wahl zum Bundeskanzler, 1969, das war der Kultursprung der Bundesrepublik Deutschland. Ein Emigrant in der Nazizeit, was ihm damals allen Ernstes noch vorgeworfen wurde, noch dazu einer mit Decknamen. Und ein uneheliches Kind. Das ist ja heute überhaupt kein Problem mehr, aber damals war es eine kulturelle Herausforderung. Deshalb zitterten viele mit. Und als Willy Brandt dann Bundeskanzler wurde, das war eine wirklich gravierende kulturelle Veränderung der Bundesrepublik Deutschland.

Nehmen Sie Brandts neue Ostpolitik, die Annäherung an die Sowjetunion, Polen, die Tschechoslowakei und die DDR. Die CDU/CSU hätte es nie gekonnt, selbst wenn sie es gewollt hätte. Dafür brauchst du in der Demokratie einen Regierungswechsel. Beim nächsten Regierungswechsel kann sich die frühere Regierungspartei dann der neuen Politik anschließen, aber sie kann eine solche Wende nicht selbst in die Wege leiten. Wenn sie jahrzehntelang das Gegenteil getan hat, muss sie sich erst langsam verändern.

Ganz ähnlich war es übrigens 1998 mit dem Wechsel von Helmut Kohl zu Gerhard Schröder: Die CDU/CSU hätte sich die Agenda 2010 gar nicht leisten können, der Widerstand wäre zu groß gewesen. Sie brauchten eine sozialdemokratisch geführte Regierung, um die prekäre Beschäftigung und all das einzuführen. Das darf man der SPD durchaus übelnehmen, aber es zeigt auch ein bisschen, wie die politischen Strukturen funktionieren.

Zurück zu den Politiker-Biografien. Es tut mir leid, aber ich muss es so sagen: Politik wird immer durchschnittlicher. Das kann man niemandem vorwerfen, es hängt auch mit Strukturen zusammen. Aus der Sicht eines Hartz-IV-Empfängers verdienst du im Bundestag geradezu fantastisch. Aus der Sicht eines Managers geradezu lächerlich. Einen gut verdienenden Anwalt werde ich nicht dazu bringen, für den Bundestag zu kandidieren, weil man dort nicht nur weniger verdient, sondern auch noch unter einer öffentlichen Kontrolle steht, die man sonst gar nicht kennt in der Gesellschaft. Aber nach der Wende in der DDR gab es dann doch ein paar besondere Biografien in der Politik, so wie in der Umbruchzeit nach dem Zweiten Weltkrieg. Deshalb kommt der Bundespräsident aus dem Osten, deshalb kommt die Bundeskanzlerin aus dem Osten, und der Oppositionsführer eben auch.

Das heißt, für Sie sind Merkel und Gauck außergewöhnliche Politiker-Persönlichkeiten? Und Gysi natürlich auch.

Lothar Bisky zeigt Gregor Gysi im Bundestagswahlkampf 1998 den Berliner Bezirk Treptow. Gefahren werden beide von PDS-Sprecher Hanno Harnisch in dessen Trabbi.

(Denkt länger nach.) Zumindest ragen sie in gewisser Weise hervor, sind anders, haben eine andere Herangehensweise. Bestimmte Lebensfragen spielen für sie noch eine größere Rolle.

Zu Gauck muss ich sagen: Ich habe ihn ja nicht gewählt, und als er mehr militärische Verantwortung für Deutschland forderte, war ich entsetzt. Aber er hat sich inzwischen geändert. Seine Rede im Januar 2015 zum 70. Jahrestag der Befreiung von Auschwitz – was er da über die Art der Aufarbeitung der Nazidiktatur in der Bundesrepublik und in der DDR gesagt hat, das hätte ich fast alles unterschreiben können. Auch das, was er kritisch zur DDR gesagt hat, stimmte. Zumal er bestimmte Einseitigkeiten nicht mehr nötig hat. Er hat zum Beispiel ausdrücklich erwähnt, dass die DDR alle wichtigen Nazi-Größen entlassen hat. Und dann erst hat er kritisiert, dass die SED die DDR für antifaschistisch erklärte und dadurch der Bevölkerung die Auseinandersetzung mit der eigenen Verantwortung ersparte. Die Rede hat mir sogar ein bisschen imponiert, muss ich sagen.

Und noch ein Beispiel: Ich habe seit Langem dafür gekämpft, zusammen mit Gesine Lötzsch und anderen, dass Beate und Serge Klarsfeld* endlich das Bundesverdienstkreuz bekommen. Kein Bundespräsident war bisher dazu bereit gewesen. Mir wurde erklärt, dass das wegen der Ohrfeige gegen Kiesinger nicht ginge.

---

* Das französisch-deutsche Ehepaar Serge und Beate Klarsfeld setzte sich seit den sechziger Jahren für die Aufarbeitung der NS-Vergangenheit und die Verfolgung der Täter ein. 1968 machte Beate Klarsfeld Schlagzeilen, als sie bei einem CDU-Parteitag in Berlin den damaligen Bundeskanzler Kurt Georg Kiesinger ohrfeigte und dabei als »Nazi« bezeichnete. Kiesinger wurden seine Arbeit im Auswärtigen Amt während der Nazizeit sowie die Behauptung vorgeworfen, er habe lange Zeit nichts von den Morden an Juden gewusst.
Bei der Wahl zum Bundespräsidenten 2012 trat Beate Klarsfeld für die Linkspartei an. Sie unterlag Gauck mit 126 zu 991 Stimmen. Im Juli 2015 wurde das Ehepaar Klarsfeld von Gauck mit dem Bundesverdienstkreuz ausgezeichnet.

Man muss sich das vorstellen: Beate Klarsfeld hat die höchsten Orden aus Israel, aus Frankreich, nur aus Deutschland nichts.

Umso schöner war es, als Joachim Gauck bei einem Empfang zu mir sagte: »Übrigens, Herr Gysi, ich wollte Ihnen nur sagen, gestern habe ich diese Auszeichnung unterschrieben.«

Ich hatte ihn darauf persönlich angesprochen, und da war es ihm offenbar wichtig, mich auch persönlich zu informieren.

Ich will nicht davon sprechen, dass wir außergewöhnlich sind, nein, so außergewöhnlich sind wir nun alle drei auch wieder nicht. Aber es gibt ein paar Unterschiede, die sich bemerkbar machen. Das ist nicht ganz zufällig. Aber wenn wir jetzt zehn Jahre weiterdenken, hat der Durchschnitt noch mehr zugenommen.

Als Gauck die Behörde für die Stasi-Unterlagen leitete, von 1990 bis 2000, hatten Sie ja auch mit ihm zu tun, aber das war eher weniger schön. Er machte nie einen Hehl daraus, dass er Ihre Stasi-Mitarbeit für erwiesen hielt.

Ja, er hat aber inzwischen akzeptiert, dass die Sache bei mir anders aussieht. Ich weiß das von einem Journalisten, der lange mit ihm gesprochen hat. Er erzählte mir, Gauck habe ihm gesagt: »Mit der Sache Gysi komme ich nicht klar, er war es wohl doch nicht.«

Es gab natürlich immer große Unterschiede zwischen uns: Als er noch in der Volkskammer war, habe ich zu ihm gesagt: »Sie wollen Leiter dieser Behörde werden, das könnte ich nicht.«

Fragt er: »Warum nicht?«

»Weil man dann die Denunziation mittels der Denunziation bekämpft.«

Aber das störte ihn nicht. Und mich störte, dass es ihn nicht störte. Trotzdem sage ich, er hat sich entwickelt.

Auch in der aktuellen Politik trennen Sie ja Welten. Ich erinnere an das Zitat »Freihandel reimt sich auf Freiheit«.

Das Schlimmste fand ich – wie schon gesagt – sein Plädoyer bei der Münchner Sicherheitskonferenz 2014, Deutschland müsse mehr Verantwortung übernehmen. Das würde ja heißen: noch mehr Militär. Da bin ich natürlich strikt dagegen. Und Angela Merkel macht das leider alles mit. Obwohl sie dann doch einmal die Kraft hatte, Nein zu sagen, als es 2011 um den Angriff auf Libyen ging. Der Schröder hatte die Kraft, Nein zum Irak-Krieg zu sagen, und Merkel sagte Nein zum Libyen-Krieg.

Da müssen Sie eigentlich Guido Westerwelle von der FDP, der damals Außenminister war, gleich mit loben …

… wollte ich gerade sagen. Es war Westerwelle, der das nicht wollte und im UN-Sicherheitsrat mit Enthaltung stimmen ließ. Das war sein Verdienst, und das darf man nicht unterschätzen. Wissen Sie, die Geschichte zeigt ja: Es ist viel leichter, mit den USA mitzurennen, als das nicht zu tun. Jetzt sind sie in der Bundesregierung derart hasenfüßig, was die NSA betrifft, das könnte mich wieder aufregen. So nach dem Motto: Na ja, man legt sich mit den USA nicht an. Mir würde schon einfallen, was ich denen in Washington zur NSA erzählte. Es ist eine Frechheit! Wenn sie in unserer Bundesregierung schon so wirtschaftsnah sind, müssten sie doch wenigstens gegen die Wirtschaftsspionage der Amerikaner etwas tun. Aber sie machen nichts, das sollte uns alle mehr aufregen.
    Also, damit hier kein falscher Eindruck entsteht: Ich sage zwar, dass Gauck sich etwas verändert hat, das sehe ich schon. Angela Merkel verändert sich auch, aber leider in umgekehrter Hinsicht. Sie weiß noch nicht, welche Rolle sie für Europa spielen soll – aber die, die sie gegenwärtig spielt, ist nicht gut.

»Den Wechsel würde ich schon gern erleben«

Da wir über Alternativen sprachen, müssen wir auch über Rot-Rot-Grün noch reden. So, wie die politische Gesamtkonstellation gerade aussieht, wird es längst zu spät sein, wenn Ihre Partei endlich so weit sind und die SPD auch. Ist es nicht jetzt schon praktisch aussichtslos, auf Rot-Rot-Grün zu setzen?

Nein. Es ist so: Erstens wissen wir noch gar nicht, wie sich die SPD in den nächsten Jahren entwickelt. Und zweitens wissen wir nicht, wie sich die Stimmung in der Bevölkerung entwickelt. Die SPD ist dabei, sich damit abzufinden, dass sie eine 25-Prozent-Partei ist. Es gibt ja schon die ersten, die sagen, sie brauchen gar keinen Kanzlerkandidaten mehr aufzustellen. Wenn aber eine Partei beginnt, sich selbst aufzugeben, regt sich irgendwann innerhalb der Partei Widerstand. Stellen Sie sich mal so einen Typen wie mich vor, nur eben Sozialdemokrat, der jetzt auf einem Parteitag der SPD eine flammende Rede hält für mehr Selbstbewusstsein, eine andere Herangehensweise, eine Alternative zur Union – ich glaube, der bekäme eine Riesenzustimmung, weil er die Emotionalität der Leute träfe.

Wir wissen noch nicht, wann da etwas passiert und was. Und bei der Bevölkerung wird es irgendwann so weit sein, dass wirklich eine politische Wechselstimmung eintritt. Das ist genauso schwer vorauszusagen. Wenn sie eintritt, wie zum Beispiel nach sechzehn Jahren Kohl, und warum auch immer sie eintritt, dann können die Parteiführungen nicht ausweichen.

Sehen Sie Anzeichen dafür?

Nein. Aber die waren ja auch bei Kohl vor 1998 nicht zu sehen. Und es kam trotzdem so. Bei Diepgen 2001 in Berlin ebenso. Wir wissen nicht, was alles wo schlummert und irgendwann hervortritt. Meine Partei muss dafür kämpfen. Ich bin auch ein Zweckoptimist und sage: Da ich es nicht weiß, bleibe ich optimistisch. Wenn es eine Wechselstimmung in der Bevölkerung gibt, geraten die Führungen von SPD, Grünen und Linken derart unter Druck ... Ich weiß, wie das ist. Ich kenne das aus Berlin. Da sind die Möglichkeiten, einen Wechsel zu verhindern, äußerst begrenzt, selbst wenn man es will. Die möglichen Partner können sich nicht mehr wehren und nur noch sagen: Aber wenigstens nicht dies aus eurem Programm, oder wenigstens nicht das! Dann ändert sich die Atmosphäre. Und das würde ich schon gerne erleben. Nicht meinetwegen, sondern weil es eine völlig neue, spannende politische Situation wäre.

»Wenn die Wirtschaft regiert, ist das nicht demokratisch«

Wie steht es insgesamt um den Spielraum der Politik? Teilen Sie die Ansicht, dass in Deutschland eigentlich der Primat der Politik nicht mehr herrscht, sondern dass eigentlich wirtschaftliche Interessen durchregieren?

Weltweit herrscht kein Primat der Politik mehr, weil die großen Banken und die großen Konzerne viel zu mächtig sind. Weil es keine Struktur für eine funktionierende Weltpolitik gibt. Und genauso ist es in Deutschland. Übrigens hat Frau Merkel mal gesagt, dass der Primat der Politik wiederhergestellt werden muss. Das heißt ja: Sie hat gemerkt, dass es ihn derzeit nicht gibt.

Es gibt dazu eine schöne Geschichte: Ich saß bei Günther Jauch und neben mir saß Anja Kohl, die ARD-Korrespondentin bei der Börse, und sagte: »Herr Gysi, wenn Sie Kanzler wären und die Deutsche Bank käme zu Ihnen und sagte, sie müsse nächste Woche in die Insolvenz gehen, dann müssten Sie sie auch retten. Sonst bräche das ganze Finanzsystem zusammen.«

Ich habe ihr geantwortet: »Erstens kann ich mir nicht vorstellen, Kanzler zu sein, dafür reicht meine Phantasie nicht aus. Aber selbst wenn ich mir größte Mühe gebe und es mir doch vorstelle, dann haben Sie wahrscheinlich Recht. Aber wenn Sie Recht haben, bedeutet das Folgendes: Die Leute wählen mich zum Kanzler, und was mache ich dann – ich rette die Deutsche Bank. Na, die wären vielleicht bedient. Die Briefe, die ich dann bekäme, kann ich mir alle vorstellen. Aber dann beweisen die doch gerade, dass die Deutsche Bank zu mächtig ist. Weil nicht der Kanzler entscheidet, was sie macht. Sondern die Deutsche Bank entscheidet, was der Kanzler zu tun hat.«

Deshalb ist es aus meiner Sicht richtig, die großen privaten Banken zu verkleinern und öffentlich-rechtlich wie die Sparkassen zu gestalten. Nicht Staatsbanken! Das nutzt nichts. Weil die Landesfinanzminister genau so einen Mist entscheiden können wie die Deutsche Bank. Deshalb sind die Landesbanken fast alle pleitegegangen. Aber die öffentlich-rechtlichen Sparkassen waren nicht miteinbezogen, die Genossenschaftsbanken auch nicht. Und was für die Banken gilt, gilt auch für die großen Konzerne: Die will ich ebenfalls verkleinern. Damit wir wieder einen Primat der Politik erhalten. Denn Demokratie haben wir in der Politik, kaum in der Wirtschaft. Und das heißt: Wenn die Wirtschaft regiert, ist das auch undemokratisch.

Eine Koalition gegen Rechtsextremismus?

Ich habe Sie ganz am Anfang gefragt, wofür Angela Merkel Sie 2039 loben könnte. Zum Schluss komme ich auf mögliche Gemeinsamkeiten zurück: Sie haben einmal von einem »nationalen

Gregor Gysi 1999 auf dem »Einheizmarkt« der PDS am Tag der Deutschen Einheit auf dem Berliner Alexanderplatz.

Band« zwischen links und rechts gesprochen, schon in den neunziger Jahren. Da ging es um die Frage, ob es nicht eine Arbeitsteilung geben könnte zwischen den Konservativen, die die deutsche Einheit hergestellt haben, und den Linken, die die innere Einheit befördern durch die Befriedung zwischen Ost und West. Können Sie sich vorstellen, dass am Ende auch eine solche Annäherung stattfinden würde? Dass wir irgendwann mal eine Union-Links-Koalition bekommen?

Erstens müssen wir begreifen, dass wir eine repräsentative Demokratie sind. Das bedeutet, dass es unterschiedliche Interessen gibt. Wenn es unterschiedliche Interessen gibt, muss man lernen, dass es richtig ist, dass sie auch unterschiedlich vertreten werden. Ich bin gegen einen Bundestag ohne Union, weil konservative Interessen sonst nicht ausreichend vertreten wären, die ich ja nicht vertrete, die es aber gibt. Die Union könnte natürlich deutlich kleiner sein, dass wir uns da nicht missverstehen! Aber dass sie da ist, das ist richtig. Richtig ist aber eben auch, dass die Linke Interessen vertritt, die sie als Konservative nicht vertreten, weshalb es wiederum auch richtig ist, dass die Linke im Bundestag sitzt. Das haben die Konservativen, so glaube ich, noch nicht begriffen. Einige von ihnen denken immer noch, es wäre besser, wir wären nicht da. Das liegt aber daran, dass sie – es tut mir leid, dass gerade ich ihnen das sagen muss – die repräsentative Demokratie nicht wirklich verstanden haben.

Zweitens: Es müsste erstmal eine Sachlichkeit zwischen Union und Linken hergestellt werden dergestalt, dass man einander nicht nur zuhört, sondern auch mal – wie beim NSU und auch bei anderen Gelegenheiten, es sind bisher nur wenige – gemeinsam Anträge formuliert, wenn es denn inhaltlich geht. Dass man einander also erstmal normal behandelt.

Ich würde sagen, wenn es wirklich die Gefahr gäbe, dass eine rechtsextreme Partei die Regierung übernimmt, dann müssten die Union und wir miteinander koalieren. Das wäre nötig. Dann müssten wir alle Kompromisse machen. Hauptsache, wir verhindern die Neonazis.

Ein Mann der Worte – bedeutende Reden Gregor Gysis in Auszügen

»Die Partei selbst muss sich erneuern«

Rede bei der Kundgebung auf dem Berliner Alexanderplatz am 4. November 1989*

Liebe Freunde, ich spreche eigentlich frei, ich habe mir diesmal etwas aufgeschrieben, damit ich auch danach noch weiß, was ich gesagt habe.

Ich möchte Sie zunächst begrüßen und beglückwünschen. Und nicht nur Sie, sondern auch das Präsidium der Volkspolizei Berlin zu dieser größten Demonstration in der Geschichte der DDR, die als erste nicht von oben, sondern von unten organisiert, aber auf dem Rechtsweg beantragt und genehmigt worden ist.

Ich hoffe sehr, dass diese Demonstration gewaltfrei bleibt und dadurch ein Stück gewonnene Kultur wird.

Vor wenigen Wochen im Deutschen Theater sagte ich, unser Ziel muss sein, dass die Polizei friedliche Demonstranten schützt und damit den Namen Volkspolizei rechtfertigt. Heute zeigte sich, in welch kurzer Zeit hier ein erheblicher Fortschritt möglich war. Die ungenehmigten Demonstrationen der letzten Wochen haben ganz sicherlich ihren Beitrag zur Wende in unserem Land geleistet. Und

---

* http://www.die-linke.de/partei/geschichte/4-november-1989/die-partei-selbst-muss-sich-erneuern/, abgerufen am 4.9.2015

wir werden uns hoffentlich an rechtlich genehmigte und geschützte Demonstrationen als Ausdruck politischer Kultur gewöhnen müssen. Aber wir wissen, dass jetzt andere Formen noch wichtiger werden; neue, auch politische Strukturen, wirksame Parlamentsarbeit, neues ökonomisches Denken und vor allem der Ausbau der Rechtsordnung.

Sie haben gerade zwei Artikel der Verfassung und einige Paragraphen des Strafgesetzbuches gehört. Alles Paragraphen aus dem Kapitel Staatsverbrechen und Straftaten gegen die staatliche Sicherheit. Vielleicht verstehen jetzt einige besser, weshalb die Rechtsanwälte in ihrer leider vom ADN nicht vollständig, aber doch in wesentlichen Teilen veröffentlichten Erklärung ein neues Strafrecht und vor allem Überarbeitung dieser beiden Kapitel gefordert haben. Diese Strafbestimmungen sind geprägt von einem übertriebenen und falsch verstandenen Sicherheitsbedürfnis, obwohl doch klar ist, dass die beste Staatssicherheit immer noch die Rechtssicherheit ist.

Die Verfassung selbst ist gut, obwohl auch sie entwickelt werden kann. Vor allem gilt es aber, Grundrechte der Bürger nach der Verfassung auszubauen und zu sichern. Kein Gemeinwesen kommt gegenwärtig ohne Staat aus. Auch wir brauchen den Staat und Staatsautorität. Und niemand kann ein Interesse daran haben, dass die glücklicherweise geringe Kriminalität in der DDR steigt. Aber wir brauchen eine Kontrolle des Volkes durch demokratisch gewählte Kontrollgremien über den Staat, auch über seine Sicherheitsbereiche.

Jeder Machtmissbrauch muss ausgeschlossen oder doch zumindest streng geahndet werden. Wir brauchen ein neues Wahlrecht und das nun auch offiziell vorgeschlagene Verfassungsgericht.

Und wir brauchen mehr Rechtsanwälte. Meine Bitte an den Magistrat von Berlin: Gebt uns endlich Räume, damit wir Rechtsanwälte aufnehmen können, nicht für uns, sondern zur Erhöhung der Rechtssicherheit der Bürger.

Wenn ich versuchen würde, Forderungen nach Dienstleistungen und Rechtsstaatlichkeit in einem Satz zusammenzufassen, dann würde ich sagen, jeder Haushalt soll über ein Telefon verfügen, und die Bemerkung »Das möchte ich dir lieber nicht am Telefon sagen« sollte für immer der Geschichte angehören.

Ohne es jetzt näher ausführen zu können, möchte ich sagen, wir brauchen ein neues Verhältnis von Politik und Recht und ein gänzlich neues Verhältnis zur Wahrheit. Und die Frage der Zulassung des Neuen Forums sollte zügig und rechtsstaatlich entschieden werden.

Wenn die Rechtsanwälte heute im Unterschied zu anderen nach wie vor das Vertrauen der Bürger genießen, wie ich hoffe, dann deshalb, weil wir uns nicht haben beirren lassen und – wenn auch ohne Erfolg – konsequent zum Beispiel den Freispruch für Walter Janka beantragten. Wir haben einfach die Rechte und Interessen unserer Mandanten sehr ernst genommen, vielleicht hätten wir noch mehr tun müssen, aber dazu hätte fast ein Übermaß an Zivilcourage gehört. Deshalb muss ein Ziel darin bestehen, Bedingungen für ein Höchstmaß an Zivilcourage zu schaffen.

Da ich weiß, dass es viele Diskussionen zur Person von Egon Krenz gibt, will ich zu ihm etwas sagen. Viele haben vor einigen Monaten im ZDF gehört, was Egon Krenz zu den Ereignissen in China gesagt hat, und vielen wird dies nicht gefallen haben. Mir auch nicht. Aber ich weiß von meinen Leipziger Kollegen – und Sie wissen, Anwälte wissen immer etwas mehr als sie sollen und dürfen –, dass Egon Krenz am 9. Oktober 1989 in Leipzig die Hauptverantwortung für die Entscheidung trug: chinesische Lösung oder demokratische Wende. Und er entschied sich für die zweite Alternative, obwohl er noch nicht wusste, ob dies die Billigung der Führung am nächsten Tag finden würde.

Damit hat er einen Beitrag zur Rettung dieses Landes geleistet. Diese Tat wiegt für mich schwerer als die früheren Worte, und deshalb, finde ich, verdient er doch eine Chance und das Maß an Vertrauen, das zur Ausübung seiner Funktion nötig wird. Allerdings, und das sage ich genauso deutlich: Keinen ersten Mann der Partei und des Staates mehr ohne demokratische Kontrolle oder mit absolutistischen Herrschaftsformen und nie wieder mit Zügen von Personenkult. Und zeitliche Befristungen, wie vorgeschlagen, von solchen Funktionen brauchen wir ebenso wie umgekehrt den Richter auf Lebenszeit.

Ich bin, und ich weiß, da bin ich mit vielen nicht einig, für die führende Rolle der Partei, aber ganz und gar gegen ihre Alleinherrschaft. Sie ist meines Erachtens ökonomisch durch das Volkseigentum bedingt, aber verfassungsrechtliche Verankerung, wenn sie dann überhaupt sein muss, ist viel weniger als die halbe Miete. Entscheidend ist, dass sie täglich politisch und ethisch gerechtfertigt wird. Die Partei selbst muss sich erneuern. Wir haben keine ordentlichen Zeiten und können deshalb auch nicht auf den ordentlichen Parteitag warten. Die außerordentliche Zeit verlangt außerordentliche Maßnahmen.

Noch einen Satz zu unserer Sprache. Wir haben inzwischen viele Anglizismen aufgenommen, wogegen ich nichts habe. Aber von der russischen Sprache haben wir nur das Wort Datscha übernommen. Ich finde, es ist Zeit, zwei weitere Worte zu übernehmen: nämlich Perestroika und Glasnost. Und nur wenn wir dies auch inhaltlich vollziehen, wird es uns gelingen, die Begriffe DDR, Sozialismus, Humanismus, Demokratie und Rechtsstaatlichkeit zu einer untrennbaren Einheit zu verschmelzen. Vielen Dank.

»Ein Kontinent ist nicht über das Geld zu einen«

Rede am 23. April 1998 im Deutschen Bundestag*

(…) Zweifellos ist die Einigung Europas ein großes politisches Ziel. Ich erinnere mich an die Tage, als die Mauer fiel, als die Diskussion um die Herstellung der deutschen Einheit begann und als die bange Frage gestellt wurde: Was wird das nun? Wird das ein deutsches Europa, oder wird es ein europäisches Deutschland? Diese Frage hat damals nicht nur die Außenpolitikerinnen und Außenpolitiker in diesem Land und in anderen Ländern bewegt, sondern viele Menschen.

Die Frage, die sich bei der heutigen Debatte ergibt, ist meines Erachtens eine andere: Wie kommt man zu einer europäischen Integration? Kommt man tatsächlich zu einer europäischen Integration, indem man ein Europa der Banken schafft? Oder käme man nicht viel eher zu einer europäischen Integration, wenn man über den Weg der Kultur, wenn man über den Weg der Chancengleichheit in den Gesellschaften, wenn man über den Weg der Angleichungsprozesse und das Ziel der sozialen Gerechtigkeit ein solches Europa integriert? Das ist unsere grundsätzliche Kritik an dem Vorhaben, über das es heute zu beschließen gilt. Man kann einen Kontinent nicht über Geld einen. Das hat in der Geschichte noch niemals funktioniert, und das wird auch hier nicht funktionieren.

Sie, Herr Genscher, haben vor allem davor gewarnt, dass es schlimme Folgen hätte, wenn die Europäische Währungsunion scheiterte. Ich behaupte, sie kann auch scheitern, wenn man sie einführt, nämlich dann, wenn die Voraussetzungen nicht stimmen. Darüber müßte nachgedacht und, wie ich finde, auch länger diskutiert werden.

---

* http://dipbt.bundestag.de/doc/btp/13/13230.pdf, S. 21047 ff., abgerufen am 20.8.2015

Ich sage: Im Augenblick wird das ein Europa für erfolgreiche Rüstungs- und Exportkonzerne, für Banken, vielleicht noch für große Versicherungen. Es wird kein Europa für kleine und mittelständische Unternehmen, kein Europa für Arbeitnehmerinnen und Arbeitnehmer, kein Europa für Gewerkschaftsbewegungen und auch kein Europa für die sozial Schwächsten in den Gesellschaften der Teilnehmerländer. (…)

Ich weise darauf hin, dass die Bundesregierung den Euro vehement gefordert und gefördert hat, es aber gleichzeitig abgelehnt hat, die Arbeitslosigkeit europapolitisch anzugehen. Von dem, der die Arbeitslosigkeit nicht europäisch bekämpfen will, behaupte ich, dass dessen Integrationswille nur auf einer Strecke ausgebildet ist, und zwar im Hinblick auf das Geld, aber nicht bezüglich der sozialen Frage, bei der dies wichtig wäre.

Wir alle wissen, dass wir es mit sehr ernstzunehmenden, auch rechtsextremistischen Erscheinungen in unserer Gesellschaft zu tun haben, dass Rassismus zunimmt, dass zum Beispiel in einem Land wie Sachsen-Anhalt das Ansehen rechtsextremistischer Parteien leider zunimmt. Das alles macht uns große Sorgen. Ich sage: Da ist eine richtige, eine die Menschen mitnehmende, an ihre sozialen Interessen anknüpfende europäische Integrationspolitik entscheidend. Wenn man sie unter falschen Voraussetzungen betreibt, dann wird sie der Keim zu einem neuen Nationalismus und damit auch zu steigendem Rassismus sein. (…)

Hier ist gesagt worden, dass es in Europa ohne Euro keinen Abbau von Arbeitslosigkeit geben werde. Das verstehe ich überhaupt nicht. Täglich wird uns erzählt, dass in bestimmten europäischen Ländern Arbeitslosigkeit durch verschiedenste Maßnahmen erfolgreich abgebaut wurde, ohne dass es den Euro gab. Ich halte es immer für gefährlich, wenn scheinbar zwingende Zusammenhänge hergestellt werden, die in Wirklichkeit nicht existieren, nur um ein anderes Ziel damit begründen und erreichen zu können. Im Gegenteil, der Euro birgt auch sehr viele Gefahren für Arbeitsplätze, und es bringt uns gar nichts, auf diese nicht einzugehen. (...)

Unterhalten wir uns über die Voraussetzungen. Fangen wir mit den Demokratiedefiziten an, die es in Europa gibt. So haben zum Beispiel sehr viele Juristen erklärt, ob wir heute im Bundestag Ja oder Nein zum Euro sagten, ob der Bundesrat morgen Ja oder Nein zum Euro sagen werde, sei unerheblich. Er werde in jedem Falle kommen, weil dies nämlich längst mit dem Vertrag von Maastricht ratifiziert sei und im Grunde genommen kein Weg daran vorbeiführe.

Am 2. Mai tagt das Europäische Parlament. Hat es in der Frage der Einführung des Euro, in der Frage der Herstellung der Währungsunion etwas zu entscheiden? Es hat nichts zu entscheiden. Es hat nur mitzuberaten. Selbst wenn dort eine große Mehrheit nein sagen würde, würde das an der Einführung des Euro zum 1. Januar 1999 nichts mehr ändern. Da wird das gesamte Defizit deutlich, das dieser Vertrag in Fragen der Demokratie mit sich bringt.

Wir schaffen eine europäische Währung, haben aber keinen europäischen Gesetzgeber, keine europäische Verfassung, keine garantierten europäischen Rechte und verlagern die Funktionen vom Parlament auf die Exekutive in Brüssel. Das heißt, wir heben die Gewaltenteilung in der Gesellschaft schrittweise auf, damit sich dann die jeweilige Bundesregierung und auch die Regierungen der anderen Länder und deren Parlamente auf Brüssel herausreden und sagen können: Wir können in diesen Fragen gar keine nationale Politik mehr machen, weil uns die Möglichkeiten genommen sind. Aber wir haben eben kein demokratisches europäisches Äquivalent. Das ist ein Hauptmangel der Verträge von Maastricht und Amsterdam.

Ich behaupte, der Euro kann auch spalten; denn er macht die Kluft zwischen den Mitgliedsländern der Europäischen Union und jenen, die nicht Mitglieder der Europäischen Union sind, nicht kleiner, sondern größer. Der Weg gerade für die osteuropäischen Länder, für die sich Herr Genscher so eingesetzt hat, in die Europäische Union wird dadurch nicht leichter, sondern schwieriger werden.

Er unterscheidet innerhalb der Mitgliedsländer der EU zwischen jenen, die an der Währungsunion teilnehmen, und jenen, die daran nicht teilnehmen. Das ist das erste Mal eine ökonomische und finanzpolitische Spaltung zwischen den Mitgliedsländern der Europäischen Union. Er unterscheidet aber auch und stärker die Euro-Länder.

(...) Alle würdigen am Euro, dass sich die Exportchancen Deutschlands erhöhen würden. Wenn das dann so ist, dann müssen doch andere Produktionsunternehmen in anderen Ländern darunter leiden. Anders ginge es doch gar nicht. Das heißt, wir wollen den Export Deutschlands erhöhen und damit die Industrie in Portugal, Spanien und anderen Ländern schwächen. Die werden verostdeutscht, weil sie diesem Export nicht standhalten können. Das ist eines der Probleme, das zu einer weiteren Spaltung innerhalb Europas führt.

Das zweite ist: Es geht selbst innerhalb der verschiedenen Länder um unterschiedliche Regionen. Es haben doch nur die Regionen etwas davon, die in erster Linie vom Export leben. Was ist denn mit jenen Regionen auch in Deutschland, die kaum exportieren? Sie wissen, dass der Exportanteil der ostdeutschen Wirtschaft fast null ist. Sie hat überhaupt nichts davon. Im Gegenteil, die Binnenmarktstrukturen werden durch Billigprodukte und Billiglöhne systematisch zerstört werden. Deshalb sage ich: Es ist ein Euro der Banken und der Exportkonzerne, nicht der kleinen und mittelständischen Unternehmen, die auf den Binnenmarkt angewiesen sind, nicht der Arbeitnehmerinnen und Arbeitnehmer.

Wir haben es mit einem weiteren Problem zu tun, nämlich dem, dass der Reichtum in diesem Europa wachsen wird, aber in immer weniger Händen liegen wird. Dafür ist Deutschland ein lebendiges

Beispiel. Lassen Sie mich nur eine Zahl nennen. 1990, nach der Herstellung der deutschen Einheit, hatten wir in der Bundesrepublik Deutschland ein Sparvermögen von etwas über drei Billionen DM. Das sind 3 000 Milliarden DM. Ende 1996 hatten wir ein privates Sparvermögen von fünf Billionen DM, das heißt von 5 000 Milliarden DM. Im Durchschnitt hat jeder Haushalt in der Bundesrepublik Deutschland ein Sparguthaben von 135 000 DM. Nun können sich die Bürgerinnen und Bürger einmal ausrechnen, wie weit sie unter diesem Durchschnitt liegen. Dieser Durchschnitt kommt dadurch zustande, dass in 10 Prozent der Haushalte der Reichtum so gewachsen ist.

Da sagt doch der Herr Merz von der CDU/CSU, dass es die größte Katastrophe wäre, wenn nach einem Regierungswechsel die Reformen rückgängig gemacht würden. Was heißt denn das? Wollen Sie ein Europa, einen Euro mit immer mehr Kürzungen des Rentenniveaus? Wollen Sie ein Europa mit immer mehr Zuzahlungen für Kranke bei Medikamenten und bei ärztlichen Behandlungen? Das waren doch Ihre Reformen. Wollen Sie ein Europa, in dem 10 Prozent der Bevölkerung sinnlos immer reicher werden und andere immer mehr draufzahlen müssen? Das ist das Ziel Ihrer Politik. (…) Der wachsende Reichtum hat nur zu noch mehr Arbeitslosen geführt. Deshalb ist das der falsche Weg nach Europa.

Mit der Demokratiefrage hängt übrigens auch zusammen, dass Finanz- und Geldpolitik kaum noch möglich sein werden. Die Zuständigkeit hierfür wird an die Europäische Zentralbank abgegeben. Sie wird dadurch anonymisiert. Damit wird erreicht, dass sich die Regierungen herausreden können, indem sie es auf die Bank schieben, und erklären können, dass sie keine politischen Spielräume haben, weil die Europäische Zentralbank bestimmte Vorgaben gemacht hat. Wer so eine Politik einleitet, zerstört Demokratie, denn Auswahl haben die Menschen nur in der Politik und nicht bei der Bank. Da haben sie nicht zu entscheiden. (…)

Wer europäische Integration will, muss europäische Angleichungsprozesse einleiten. Dazu würde gehören, die Steuern zu harmonisieren, die Löhne und Preise anzugleichen und auch soziale, ökologische und juristische Standards anzugleichen. (…)
Wenn Sie das alles politisch nicht leisten und statt dessen sagen, wir führen eine Einheitswährung ein, um die Angleichungsprozesse zu erzwingen, dann sagen Sie damit doch nichts anderes, als dass Sie ganz bewusst Lohnwettbewerb, also in Wirklichkeit Lohndumping und Kostendumping, organisieren wollen. Den größten Vorteil hat immer derjenige mit den niedrigsten Steuern, den niedrigsten Löhnen, den niedrigsten Preisen und den niedrigsten ökologischen, juristischen und sozialen Standards; dieser wird sich durchsetzen. Das führt zu einem Europa des Dumpings, des Abbaus nach unten. Wer so etwas organisiert, der – das behaupte ich – organisiert nicht nur Sozial- und Lohnabbau, sondern er organisiert auch zunehmenden Rassismus. Das mag nicht bewusst geschehen, aber es wird die Folge sein. Heute erleben wir das schon auf den Baustellen in Deutschland und in anderen Ländern.

Deshalb sagen wir: Das ist der falsche Weg. Wir hätten hier einen anderen einschlagen müssen. Erst wenn wir die Angleichungsprozesse politisch gemeistert hätten, hätte man am Schluss der Entwicklung als Krönung eine Einheitswährung einführen können. Wer aber die Angleichung über die Währung erzwingt, der erzwingt eine Angleichung nach unten mit all ihren katastrophalen sozialen Folgen. Alle Fraktionen, die heute zustimmen, haften dann auch für die Folgen, die dadurch eintreten, unabhängig davon, welche Motive sie dabei haben.

Es ist davon gesprochen worden, dass eine Währung Frieden herstellen kann. Ich glaube das nicht. Das gilt nur, wenn die Voraussetzungen dafür stimmen. Nämlich nur dann, wenn es gelingt, Spannungen abzubauen, ist eine Währung friedenssichernd. Wenn aber dadurch neue Spannungen entstehen, kann auch eine gegenteilige

Wirkung erzielt werden. Das wissen Sie. Sie wissen, dass die einheitliche Währung in Jugoslawien keinen Krieg verhindert hat. Er war einer der schlimmsten der letzten Jahre.

Lassen Sie mich als letztes sagen: Der Hauptmakel dieser Währungsunion wird bleiben, dass Sie die deutsche Bevölkerung nicht gefragt haben. Sie hätten in dieser entscheidenden Frage einen Volksentscheid durchführen müssen. Dann hätten Sie auch Ihrer Aufklärungspflicht nachkommen müssen. (...) Auch Frankreich, Dänemark und Irland sind parlamentarische Demokratien und haben dennoch einen Volksentscheid durchgeführt. Nein, man kann das Volk nicht nur wählen lassen. In wichtigen Sachfragen muss man es auch zu Entscheidungen und zum Mitmachen aufrufen. Anders wird man Integration in Europa nicht erreichen.

»Warum geht es nicht zusammen?«

Rede auf dem Göttinger Parteitag am 2. Juni 2012*

(…) Schon vielfach wurde in Reden betont, dass unsere Partei in einer extrem schwierigen Situation ist. Ich will zunächst an den Beginn zurückkehren.

1989/1990 scheiterte der Staatssozialismus und so wie er war zu Recht. Die Menschheit wollte ihn nicht als Alternative zum Kapitalismus. Wir, die wir versuchten, aus der SED heraus eine demokratisch reformierte sozialistische Partei zu gestalten, waren aber der Überzeugung, dass der Kapitalismus nicht die verbleibende Alternative ist, dass es sich lohnt, für einen demokratischen Sozialismus zu streiten. Diese Partei, die PDS, war (…) als Volkspartei erfolgreich. (…) Die PDS blieb aber auf den Osten beschränkt, hatte nur kleine Landesverbände im Westen und spielte bundespolitisch eine viel zu geringe Rolle. (…) Andererseits stand aber fest, dass die Zukunft dieser Partei fraglich ist, wenn sie es nicht schaffte, in der gesamten Bundesrepublik Deutschland Akzeptanz zu finden, bundespolitisch eine größere Rolle zu spielen.

Nachdem SPD und Grüne die Regierung übernahmen und zunehmend eine unsoziale Politik betrieben, prekäre Beschäftigung organisierten, den Niedriglohnbereich ausdehnten, Steuerungerechtigkeit herstellten und sich entschlossen, Deutschland erstmalig nach 1945 an einem völkerrechtswidrigen Angriffskrieg gegen Jugoslawien zu beteiligen, entschlossen sich immer mehr Wählerinnen und Wähler der SPD, aber auch Mitglieder der SPD, dieser den Rücken zu kehren. Deshalb wurde bekanntermaßen die WASG gegründet. Und dann war es von außerordentlicher Bedeutung, dass sich Oskar Lafontaine entschied, das Ganze zu unterstützen.

---

* http://www.die-linke.de/index.php?id=9950, abgerufen am 5.9.2015

Er verlangte aber die Vereinigung von WASG und PDS. Und weder er hätte dies verlangt noch hätte sich die WASG mit der PDS vereinigt, wenn die PDS vorher nicht erfolgreich gewesen wäre.

Es gibt viele, die einen Anteil an den Erfolgen der PDS haben. Aber besonders hervorheben möchte ich in diesem Zusammenhang Lothar Bisky, der diesbezüglich große Leistungen vollbracht hat. Das gilt auch (…) für Dietmar Bartsch. (…) Ich habe ihn auch schon deutlich kritisiert. Einige verlangten jetzt von mir, dies zu wiederholen. Da er sich aber seitdem korrekt verhalten hat, kommt für mich eine Wiederholung gar nicht in Frage. Und um die Zuspitzung unserer Krise zu verhindern, habe ich verschiedene Kompromisse vorgeschlagen, die auch für Dietmar Bartsch nur schwer zu verkraften waren. Sie scheiterten aber nicht an ihm.

Zurück zu unserer Entwicklung. Es fand dann der Parteitag der PDS statt, wo alles im Zusammenhang mit der WASG entschieden wurde. Ich kann mich noch gut erinnern, wie ich auf diesem Parteitag für die Namensänderung, für das Zusammengehen mit der WASG, für die Akzeptanz von Oskar Lafontaine stritt (…). Aber ich muss heute sagen, dass der Prozess nicht gelungen, die Vereinigung nicht erreicht ist.

Wir haben viele Gruppen in unserer Partei und ich rede jetzt nicht von den organisierten Strömungen, die sich Schritt für Schritt zu Personalvertretungen bzw. Kaderkommissionen entwickelt haben und meinen aussuchen zu können, wer wann wo auf welche Liste kommt, kandidieren darf et cetera. Ich meine die politisch wichtigen Teile unserer Partei. Da gibt es die prononcierten Vertreterinnen und Vertreter des Modells der Volkspartei im Osten. Und zwar leider auch solche mit Vorbehalten gegen die Interessenpartei im Westen. Dann gibt es die prononcierten Vertreterinnen und Vertreter der Interessenpartei im Westen, und zwar noch mehr unter ihnen, die bedauerlicherweise mit Vorbehalten gegen die Volkspartei im Osten beschieden sind.

Dann gibt es den Gewerkschaftsflügel und es gibt diejenigen, die sich als unabhängige Linke fühlen, die nicht missbraucht werden wollen, weil sie weder mit der Geschichte der WASG noch mit der Geschichte der PDS sich verbunden fühlen. Sie sind für die Zukunft wichtig, allerdings ist ihre Basis noch schwach.

Jetzt möchte ich aber schildern, was ich einigen Funktionären der Landesverbände Ost zu Beginn übel genommen habe. Nachdem Oskar Lafontaine 2005 einer unserer Spitzenkandidaten wurde, haben einige von ihnen eine Distanz zu ihm aufgebaut, die ich nicht nachvollziehen konnte und die ich falsch fand. (…) Aber wenn ich das hier feststelle, bedeutet das nicht, dass ich eine Arroganz gegenüber den östlichen Landesverbänden auch nur im Geringsten akzeptieren kann. Es geht doch nicht im Ernst, dass ich permanent von bestimmten Leuten nur Kritik höre an den Landesverbänden vornehmlich in Brandenburg und Berlin, dass sie mir immer deren Fehler schildern und niemals einen Hauch von Selbstkritik üben. (…)

Es tut mir leid, aber eine bestimmte Kritik von Mitgliedern aus den alten Bundesländern erinnert mich an die westliche Arroganz bei der Vereinigung unseres Landes. Das darf es aber in unserer Partei nicht geben. Und ich verstehe es auch nicht. Was ist denn eigentlich so schlimm daran zu akzeptieren, dass wir im Osten eine Volkspartei sind. Was ist denn eigentlich so schlimm daran, umgekehrt zu akzeptieren, dass wir im Westen eine Interessenpartei sind? Warum kann uns das nicht bereichern, warum geht es nicht zusammen? Ich will nicht begreifen, dass es uns spaltet.

Ich habe gesagt, was mich zu Beginn am Umgang einiger Funktionäre unserer Partei aus dem Osten mit Oskar Lafontaine und dem Gewerkschaftsflügel störte. Ich muss aber auch umgekehrt sagen, die östlichen Landesverbände sind keine sozialdemokratische Partei und lassen sich so auch nicht führen. Wenn man eine Integration will, muss man auch die Seele der ostdeutschen Mitglieder verstehen. Die kann man aber nur verstehen, wenn man sich auch darum bemüht.

Lasst mich kurz zu einigen Vorwürfen Stellung nehmen. Also die östlichen Landesverbände seien zu oft angepasst, würden eigentlich nur eine zweite Sozialdemokratie anstreben. Darf ich darauf hinweisen, dass unsere Partei in Thüringen deutlich stärker ist als die SPD, dass unsere Partei in Sachsen deutlich stärker ist als die SPD, dass unsere Partei in Sachsen-Anhalt deutlich stärker ist als die SPD. Worin seht ihr denn die Gefahr, ist das nicht eine erfolgreiche Politik? Davon sind wir in den alten Bundesländern so etwas von meilenweit entfernt, dass ich schon deshalb die Vorwürfe nicht nachvollziehen kann.

Und darf ich zusätzlich darauf hinweisen, dass die SPD Koalitionen mit uns in Thüringen, Sachsen-Anhalt und Mecklenburg-Vorpommern ablehnte? Nur weil die Landesverbände ihr so ähnlich sind, nur weil sie mit einer zweiten Sozialdemokratie nicht koalieren will? Das ist doch absurd.

Im Übrigen bitte ich folgendes zu bedenken. Unsere Wählerinnen und Wähler erwarten von uns ein eigenständiges Bild, sie erwarten von uns klare, verständliche und nachvollziehbare politische Vorschläge. Sie wollen nicht, dass wir die Kopie einer anderen Partei sind. Aber viele Wählerinnen und Wähler wollen auch, dass wir für sie etwas erreichen, etwas gestalten, daran mitwirken. Sie wollen mehr soziale Gerechtigkeit bei Löhnen, bei der Rente und im Gesundheitswesen erleben. Sie wollen Chancengleichheit für Kinder in der Bildung. Und vieles andere mehr. Dazu muss man konkret und aktiv kommunalpolitisch, landespolitisch, bundespolitisch und europapolitisch wirken. Dazu muss man auch mit anderen zusammenarbeiten. Selbstverständlich. Man muss seine Eigenheit wahren, man muss seine Prinzipien schützen, aber auch kompromissfähig sein, um für die Menschen etwas zu erreichen.

Jede und jeder, die und der Kompromisse schließt, begeht auch Fehler. Aus denen können wir alle lernen. Das aber ist etwas anderes als arrogante, distanzierte Vorwürfe. Natürlich kann man Wählerinnen und Wähler verlieren, wenn man falsche, prinzipienlose Kompromisse schließt. Aber man verliert auch Wählerinnen und Wähler, wenn man erklärt, dass man sich auf die SPD nur dann einlässt, wenn sie unsere Beschlüsse umsetzt, und zwar möglichst vollständig. Die Wählerinnen und Wähler wissen, dass das irreal ist.

Eigentlich sollte ich ja über die Tätigkeit unserer Fraktion berichten. Wir haben viele gute Anträge eingebracht, wichtige politische Akzente gesetzt, sind aktiv innerhalb und außerhalb des Bundestages aufgetreten. Aber der Zustand unserer Fraktion ist nicht gut. Zwei Erlebnisse aus unserer Fraktion möchte ich schildern, weil sie mich beeindruckt haben.

Bei einem Erlebnis war Oskar Lafontaine dabei, und er war ähnlich beeindruckt. Wir sprachen über den Koalitionsvertrag, den unser Landesverband in Brandenburg mit der SPD geschlossen hatte. Und in der Fraktionssitzung sprachen sehr viele. Und fast alle, die in den alten Bundesländern aufgewachsen waren und sprachen, haben den Koalitionsvertrag kritisiert und erklärt, dass sie ihn abgelehnt hätten. Und fast alle, die in den neuen Bundesländern aufgewachsen waren und sprachen, haben erklärt, dass er in Ordnung ginge und dass man die Koalition zu diesen Bedingungen abschließen konnte. Warum dieser tiefgreifende Unterschied? Haben wir das je gemeinsam analysiert, und zwar vernünftig?

Es gab ein weiteres Erlebnis. Wir hatten eine Diskussion, ob wir gänzlich gegen Sicherungsverwahrung sind – dafür stand Halina Wawzyniak – oder ob wir die Sicherungsverwahrung in Ausnahmefällen zulassen sollten – dafür stand Wolfgang Nešković. Ich habe vorher nie erlebt, dass Abgeordnete, die gegen die Sicherungsverwahrung waren, aber politisch deutlich näher bei Wolfgang Neskovic als bei Halina Wawzyniak stehen, eine solche Schwierigkeit bei der Abstimmung hatten. Man wird nicht mehr von der Sache getrieben, sondern weitgehend von der Person, die eine bestimmte Meinung vertritt oder einen bestimmten Antrag stellt. Es tut mir leid, liebe Genossinnen und Genossen, aber das ist für mich ein pathologischer Zustand. Entweder bin ich für oder gegen Sicherungsverwahrung, und das entscheidet über meine Stimmabgabe und nichts anderes.

Seitdem wir die gemeinsame Partei DIE LINKE gebildet haben, hatten wir zahlreiche Erfolge zu verzeichnen. Einer, der einen besonders wesentlichen Beitrag dazu geleistet hat, ist Oskar Lafontaine. Wer das leugnet oder nicht sieht, hat nicht den geringsten Sinn für Realitäten. Bekanntlich verträgt DIE LINKE zwei Dinge nicht, Niederlagen und Erfolge. Den größten Erfolg hatten wir 2009. Eine Akzeptanz von fast zwölf Prozent derjenigen, die zur Wahl gingen, zu erreichen, ist für eine Partei wie unsere geradezu grandios. (…)

Seitdem betreiben wir aber immer weniger Politik, haben Auseinandersetzungen und führen Personaldebatten, bei denen es im Kern um unterschiedliche politische Konzepte geht. Vertragen wir es nun, Volkspartei und Interessenpartei zu sein, oder vertragen wir es nicht? Ist es tatsächlich so, dass die einen die Eigenheit gegenüber der SPD bewahren und die anderen sie aufgeben wollen? Die einen setzen mehr auf Kooperation mit der SPD als die anderen, das ist wahr. Aber ich kann nur sagen: Na und?

Eine bestimmte Stärke im Landtag erfordert auch ein anderes Herangehen. Man kann mit Wahlergebnissen von über zwanzig Prozent nicht permanent erklären, dass man sowieso nur in Opposition bleibt und gar nicht bereit sei, etwas zu verändern, es sei denn, die anderen machten genau das, was man selber will. Warum kann man das nicht akzeptieren, wenn man selber mit fünf Prozent in einen Landtag gewählt wird? Und umgekehrt, warum fällt es manchen im Osten so schwer zu akzeptieren, dass man sich als

Fünf-Prozent-Partei anders verhalten muss als eine 25-Prozent-Partei? Als Fünf-Prozent-Partei muss man prononciert bestimmte Interessen vertreten, nicht das gesamte Spektrum. Es sind unterschiedliche Bedingungen. Sicher, wir sind die einzige Partei, die strukturell vor einer solchen Frage steht. Aber ich hätte nie gedacht, dass sie fast unlösbar ist.

Und jetzt sage ich Euch mein eigentliches Problem gerade in unserer Fraktion. Vieles führt in der politischen Kultur nicht zusammen. Es gibt Meinungsunterschiede. All das wäre nicht erheblich. Mit alledem müssten wir umgehen können. Aber in unserer Fraktion im Bundestag herrscht auch Hass. Und Hass ist nicht zu leiten. Seit Jahren versuche ich, die unterschiedlichen Teile zusammenzuführen. Seit Jahren befinde ich mich zwischen zwei Lokomotiven, die aufeinander zufahren. Und ich weiß, dass man dabei zermalmt werden kann. Seit Jahren bin ich in der Situation, mich entweder bei der einen oder bei der anderen Gruppe unbeliebt zu machen, und ich bin es leid.

Ich sage es hier so offen wie möglich: Entweder wir sind in der Lage, eine kooperative Führung zu wählen, die die Partei integriert und die organisiert, dass wir in erster Linie wieder politisch wahrgenommen werden, von den Bürgerinnen und Bürgern, von den Medien, von den anderen Parteien. Dann würde ich das begrüßen und dann stelle ich mich auch diesem Kampf.

Oder aber wir sind dazu nicht in der Lage, was bedeutete, dass die Gruppe A nun doch die Gruppe B besiegt oder die Gruppe B die Gruppe A. Für den Fall sage ich Euch offen: Dann wäre es sogar besser, sich fair zu trennen als weiterhin unfair, mit Hass, mit Trickserien, mit üblem Nachtreten und Denunziation eine in jeder Hinsicht verkorkste Ehe zu führen.

Unser größtes Ziel ist es, eine solidarische Gesellschaft zu erreichen und wir selber führen vor, nicht einmal untereinander solidarisch sein zu können. Gesine Lötzsch und Klaus Ernst hatten auch durch eigene Mitglieder keine reale Chance als Vorsitzende. Ich habe noch einmal in der Bergpredigt nachgelesen, welche Vorschläge Jesus Christus unterbreitet hat, wie man mit seinen Feinden umgehen soll. Wenn wir wenigstens den Zustand in unserer Partei erreicht hätten, wären wir schon einen deutlichen Schritt weiter.

Liebe Genossinnen und Genossen, ich habe heute das gemacht, was ich eigentlich nicht will. Ich habe über unsere innere Situation gesprochen und nicht über Politik. Aber ich hatte keine andere Chance. Eigentlich haben wir kein Recht, unsere Partei zu verspielen. Dass Ihr mich trotz unserer Situation nur begrenzt frustriert erlebt, hat seinen Grund. Ich sage es noch einmal, wir haben gezeigt, was eine Linke leisten, welche Akzeptanz sie erreichen kann. Das ist ein wichtiges Signal für die nächste Generation. Darauf können wir und mithin auch ich schon etwas stolz sein. Und jetzt betreiben wir nur das, was DIE LINKE in solchen Situationen regelmäßig betreibt, wir zerstören uns selbst. (…)

Zum Schluss sage ich Euch aber, dass unser Kampf für Frieden, zur Erklärung der Ursachen und für eine Lösung der Banken- und Eurokrise, gegen die Zerstörung des Sozialstaates und die hemmungslose Beschädigung der Demokratie, für soziale Gerechtigkeit und Steuergerechtigkeit, gegen prekäre Beschäftigung, für einen flächendeckenden gesetzlichen Mindestlohn, für ein gerechtes Renten- und Gesundheitssystem, für eine Gleichstellung von Frauen und Männern und von Ost und West bei Biografien, Löhnen und Renten, dass unser Kampf gegen Rassismus, Antisemitismus, Nationalismus und jede andere Form von Rechtsextremismus entscheidende Ziele in der Gesellschaft bleiben und an Bedeutung gewinnen werden. Wir haben doch nicht nur Rechte, sondern auch eine Verantwortung.

Liebe Delegierte, Ihr habt eine schwere Aufgabe. Von den Verantwortungsträgerinnen und -trägern unserer Partei – mich eingeschlossen – habt ihr wenig – zu wenig – Unterstützung bekommen.

Ihr müsst den Weg finden, eine kooperative Führung zu wählen. Die unterschiedlichen Teile unserer Partei müssen in der Leitung vertreten sein. Man muss sie zusammenführen, allerdings, um sie als Flügel zu entmachten. Ihr müsstet einen Parteivorstand wählen, der die Aufgabe annimmt, dafür zu sorgen, dass solche Kämpfe, wie wir sie gegenwärtig erleben, nicht mehr geführt werden können. (…) Wir müssen es gegen alle Unkenrufe schaffen und mit den Worten von Karl Liebknecht sage ich Euch: Trotz alledem!

»Sicherheit gibt es weder ohne noch gegen Russland«

Rede im Deutschen Bundestag am 13. März 2014*

Putin will die gesamte Krise in der Ukraine militärisch lösen. Er hat nicht begriffen, dass die Probleme der Menschheit weder mit Soldaten noch mit Gewehren zu lösen sind, ganz im Gegenteil. Auch die Probleme Russlands lassen sich so nicht lösen. Sein Denken und Handeln ist falsch und wird von uns deutlich verurteilt.

Es ist aber dasselbe Denken, das im Westen vorherrschte und vorherrscht: bei Jugoslawien, Afghanistan, dem Irak und Libyen. An die Stelle der Systemkonfrontation sind die Interessengegensätze der USA und Russlands getreten. Der Kalte Krieg ist beendet, aber solche Interessengegensätze können zu ganz ähnlichen Zügen führen. Die USA wollen mehr Einfluss gewinnen und vorhandenen verteidigen, und Russland will mehr Einfluss gewinnen und vorhandenen verteidigen. Ich sage als Stichworte zu Russland nur: Georgien, Syrien, Ukraine.

Auch wenn man Putins Vorgehen verurteilt, muss man sehen, wie es zur gesamten Zuspitzung und Konfrontation kam. Ich sage es Ihnen ganz deutlich: Alles, was NATO und EU falsch machen konnten, haben sie falsch gemacht.

Ich beginne bei Gorbatschow im Jahre 1990. Er schlug ein gemeinsames europäisches Haus, die Auflösung der NATO und des Warschauer Vertrages und ein Konzept der »Gemeinsamen Sicherheit« mit Russland vor. Das hat die NATO ausgeschlagen. Sie hat gesagt: Den Warschauer Vertrag aufzulösen, ist okay, aber die NATO bleibt. Und aus dem Verteidigungsbündnis NATO wurde ein Interventionsbündnis gemacht.

---

* http://dipbt.bundestag.de/doc/btp/18/18020.pdf, S. 1522 ff., abgerufen am 2.9.2015

Der zweite Fehler: Bei der Herstellung der deutschen Einheit erklärten der amerikanische Außenminister, unser damaliger Außenminister Genscher und andere Außenminister gegenüber Gorbatschow, dass es keine Osterweiterung der NATO geben wird. Dieses Versprechen ist gebrochen worden. Es gab eine vehemente Ausweitung der NATO in Richtung Russland. Der ehemalige US-Verteidigungsminister Robert Gates bezeichnete die eilfertige Aufnahme der osteuropäischen Staaten in die NATO als schweren Fehler und den Versuch des Westens, die Ukraine in die NATO einzuladen, als schwere Provokation. Nicht ich, sondern der ehemalige US-amerikanische Verteidigungsminister hat das erklärt.

Dann kam drittens der Beschluss, Raketen in Polen und Tschechien zu stationieren. Die russische Regierung sagte: Das tangiert unsere Sicherheitsinteressen; wir möchten das nicht. Das hat den Westen überhaupt nicht interessiert. Es wurde dennoch gemacht.

Zudem hat die NATO im Zusammenhang mit dem Jugoslawienkrieg das Völkerrecht mehrfach und schwer verletzt. Das räumt inzwischen auch der damalige Kanzler Schröder ein. Serbien hatte keinen anderen Staat angegriffen, und es gab keinen Beschluss des UN-Sicherheitsrates. Es wurde dennoch mit erstmaliger bundesdeutscher Beteiligung nach 1945 bombardiert. Und die Bewohnerinnen und Bewohner des Kosovo durften in einem Volksentscheid die Loslösung von Serbien beschließen.

Ich habe damals die Völkerrechtsverletzung schwer kritisiert und Ihnen gesagt: Sie öffnen beim Kosovo eine Büchse der Pandora; denn wenn das im Kosovo erlaubt ist, müssen Sie es auch in anderen Gegenden erlauben. Sie haben mich beschimpft. Sie haben es nicht ernst genommen, und zwar weil Sie glaubten, solche Sieger im Kalten Krieg zu sein, dass alle alten Maßstäbe für Sie nicht mehr gelten. Ich sage Ihnen: Die Basken fragen, warum sie keinen Volksentscheid machen dürfen, ob sie zu Spanien gehören wollen oder nicht. Die Katalanen fragen, warum sie keinen Volksentscheid machen dürfen, ob sie zu Spanien gehören wollen oder nicht. Natürlich fragen das nun auch die Bewohnerinnen und Bewohner der Krim.

Durch Völkerrechtsverletzung kann man über Gewohnheitsrecht auch neues Völkerrecht schaffen; das wissen Sie. Ich bleibe aber der Meinung, dass die Abtrennung der Krim völkerrechtswidrig wäre, genauso wie die Abtrennung des Kosovo völkerrechtswidrig war. Ich wusste aber, dass sich Putin auf den Kosovo berufen wird, und er hat es auch getan. Jetzt sagen Sie, Frau Bundeskanzlerin: Die Situation ist doch eine völlig andere. Das kann schon sein. Sie verkennen aber: Völkerrechtsbruch ist Völkerrechtsbruch. (…) Fragen Sie doch einmal einen Richter, ob ein Diebstahl aus edlerem Motiv im Vergleich zu einem Diebstahl aus unedlerem Motiv kein Diebstahl ist. Er wird Ihnen sagen: Es bleibt ein Diebstahl. Das ist das Problem.

Herr Struck hat damals erklärt: Die Bundesrepublik muss ihre Sicherheit am Hindukusch verteidigen. Nun erklärt Herr Putin: Russland muss seine Sicherheit auf der Krim verteidigen. Deutschland hatte am Hindukusch übrigens keine Flotte und war auch wesentlich weiter entfernt. Trotzdem sage ich: Beide Sätze waren bzw. sind falsch. Aber es bleibt auch Folgendes: Wenn viele Völkerrechtsverletzer dem Völkerrechtsverletzer Russland vorwerfen, das Völkerrecht zu verletzen, ist das nicht besonders wirksam und glaubwürdig. Das ist die Tatsache, mit der wir es zu tun haben.

Obama sprach genauso wie Sie, Frau Bundeskanzlerin, von der Souveränität und territorialen Integrität der Staaten. Aber diese beiden Prinzipien wurden in Serbien, im Irak, in Libyen verletzt. Der Westen meinte, das Völkerrecht verletzen zu können, weil der Kalte Krieg vorbei sei. Man hat die chinesischen und die russischen Interessen grob unterschätzt. Sie haben Russland unter Jelzin, der häufig angetrunken war, überhaupt nicht mehr ernst genommen. Aber die Situation hat sich geändert. Sehr spät berufen Sie sich jetzt wieder auf die im Kalten Krieg entstandenen völkerrechtlichen Grundsätze. Ich bin sehr dafür, dass sie wieder gelten – aber dann für alle! Anders geht es nicht.

Dann gab es das Gezerre zwischen der EU und Russland an der Ukraine. Beide dachten und handelten gleich. Barroso, der Kommissionschef der EU, hat gesagt: Entweder Zollunion mit Russland *oder* Verträge mit uns! Er hat nicht gesagt: »Beides«, sondern: »Entweder – oder!«. Putin hat gesagt: Entweder Verträge mit der EU *oder* mit uns! Beide haben gleichermaßen alternativ gedacht und gehandelt. Das war ein verheerender Fehler von beiden Seiten.

Kein einziger EU-Außenminister hat versucht, mit der russischen Regierung zu sprechen und die berechtigten Sicherheitsinteressen Russlands überhaupt zur Kenntnis zu nehmen. Russland fürchtet doch, dass nach engeren Beziehungen mit der EU die NATO in die Ukraine kommt. Es fühlt sich immer eingekreister. Aber es wurde nur an der Ukraine gezerrt. Die EU- und NATO-Außenminister haben die Geschichte Russlands und der Ukraine völlig unberücksichtigt gelassen. Sie haben die Bedeutung der Krim für Russland nie verstanden.

Die ukrainische Gesellschaft ist tief gespalten. Auch das wurde nicht berücksichtigt. Diese tiefe Spaltung zeigte sich schon im Zweiten Weltkrieg, und sie zeigt sich auch heute. Die Ostukraine tendiert in Richtung Russland. Die Westukraine tendiert in Richtung Westeuropa. Es gibt derzeit keine einzige politische Persönlichkeit in der Ukraine, die beide Teile der Gesellschaft repräsentieren könnte. Das ist eine traurige Wahrheit.

Dann gibt es noch den Europarat und die Organisation für Sicherheit und Zusammenarbeit in Europa, OSZE. Die haben Sie in letzter Zeit schwer vernachlässigt, Frau Bundeskanzlerin und Herr Außenminister. Die Gelder für diese Organisationen wurden immer mehr zusammengestrichen, weil Sie meinten, dass sie nicht wichtig sind. Das sind aber die einzigen europäischen Organisationen, in denen sowohl Russland als auch die Ukraine organisiert sind. Deshalb müssen wir diese Organisationen wieder stärken – auch finanziell – und dürfen nicht über einen Ausschluss Russlands faseln; das ist völlig daneben.

Dann erlebten wir eine starke Zuspitzung auf dem Maidan. Wir erlebten Scharfschützen und viele Tote. Es gibt verschiedene Gerüchte. In solchen Situationen wird viel gelogen. Deshalb schlagen wir vor, eine internationale Untersuchungskommission einzusetzen. Wir, aber vor allem die Ukrainerinnen und Ukrainer haben ein Recht, zu erfahren, was dort gelaufen ist und wer dort welche Verantwortung trägt. Ich freue mich, dass Sie, Frau Bundeskanzlerin, das unterstützen.

Auf dem Maidan gab es viele demokratische Kräfte, aber auch Faschisten. Der Westen machte direkt und indirekt mit. Dann haben Außenminister Steinmeier, der französische und der polnische Außenminister mit Janukowitsch und der Opposition einen Vertrag geschlossen. Jetzt sagen Sie, Herr Außenminister, Janukowitsch habe die Vereinbarung durch seine Flucht hinfällig gemacht. Das ist falsch. Die Menschen auf dem Maidan lehnten die Vereinbarung mit großer Mehrheit ab, und Sie, Herr Außenminister, haben auf dem Platz auch nicht für diese Vereinbarung geworben. Erst nach der Ablehnung verließ Janukowitsch Kiew.

Dann tagte das Parlament und wählte ihn mit 72,88 Prozent ab. Die Verfassung schreibt aber 75 Prozent vor. Nun sagen Herr Röttgen und andere: Na ja, bei einer Revolution kann man nicht so genau auf die Verfassung achten. Ein paar Prozentchen mehr oder weniger ... – Das kann man ja alles machen. Nur, Putin beruft sich darauf und sagt: »Es gab nicht die verfassungsmäßige Mehrheit für die Abwahl«, und stützt sich deshalb auf Schreiben, die Janukowitsch ihm sendet. Außerdem: Bei der Abstimmung im Parlament standen lauter Bewaffnete herum. Das ist nicht besonders demokratisch. Bei der Volksabstimmung auf der Krim am kommenden

Sonntag stehen auch lauter bewaffnete Soldaten herum. Auch das ist nicht besonders demokratisch.

Interessant ist, dass Sie, Frau Bundeskanzlerin, sagen, ein solcher Volksentscheid sei nach der ukrainischen Verfassung verboten. Wann gilt sie denn nun und wann nicht? Bei der Abwahl des Präsidenten gilt sie nicht, und bei der Abstimmung auf der Krim soll sie plötzlich gelten. Sie müssen schon wissen: Akzeptieren Sie die ukrainische Verfassung ganz oder nur in bestimmten Teilen, wenn es Ihnen genehm ist? Das ist die Art, die ich kenne und die ich nicht mag.

Dann wurde eine neue Regierung gebildet, sofort anerkannt von Präsident Obama, auch von der EU, auch von der Bundesregierung. Frau Merkel! Der Vizepremierminister, der Verteidigungsminister, der Landwirtschaftsminister, der Umweltminister, der Generalstaatsanwalt – das sind Faschisten. Der Chef des nationalen Sicherheitsrates war Gründungsmitglied der faschistischen Swoboda-Partei. Faschisten haben wichtige Posten und dominieren zum Beispiel den Sicherheitssektor. Noch nie haben Faschisten freiwillig die Macht wieder abgetreten, wenn sie einmal einen Teil davon erobert hatten. Zumindest die Bundesregierung hätte hier eine Grenze ziehen müssen, schon aufgrund unserer Geschichte.

Als Haiders FPÖ in die österreichische Regierung ging, gab es sogar Kontaktsperren und Ähnliches. Und bei den Faschisten in der Ukraine machen wir nichts? Swoboda hat engste Kontakte zur NPD und zu anderen Naziparteien in Europa. Der Vorsitzende dieser Partei, Oleg Tjagnibok, hat Folgendes wörtlich erklärt. Ich zitiere jetzt; Sie müssen sich anhören, was er wörtlich gesagt hat – Anführungsstriche –:

Schnappt euch die Gewehre, bekämpft die Russensäue, die Deutschen, die Judenschweine und andere Unarten.

Ende des Zitats. – Ich wiederhole. Dieser Mann hat gesagt – Anführungsstriche –:

Schnappt euch die Gewehre, bekämpft die Russensäue, die Deutschen, die Judenschweine und andere Unarten.

Ende des Zitats. – Es gibt jetzt Übergriffe auf Jüdinnen und Juden und auf Linke, und gegen all das sagen Sie nichts? Mit diesen Swoboda-Leuten reden Sie? Ich empfinde das als einen Skandal. Ich muss Ihnen das ganz klar sagen.

Jetzt wollen Sie – auch das haben Sie angekündigt – Sanktionen verhängen, wenn es nicht anders ginge, wie Sie sagen. Aber die werden Putin nicht imponieren. Das spitzt doch die Situation nur zu. Kissinger, der ehemalige Außenminister der USA, hat Recht. Er sagt, die Sanktionen seien nicht Ausdruck einer Strategie, sondern Ausdruck des Fehlens einer Strategie. Das gilt auch für die eskalierenden Militärflüge über Polen und die baltischen Republiken. Was soll das?

Konten von Janukowitsch und seinen Anhängern sind gesperrt, weil es gestohlenes Staatsgeld ist. Meine Frage: Das wussten Sie vorher nicht? Zweite Frage: Warum eigentlich nur deren Konten? Was ist mit dem Milliardenvermögen der Oligarchen, die andere Kräfte unterstützen? Warum machen Sie da nichts? Wie einseitig läuft das eigentlich alles?

Es gibt nur den Weg der Diplomatie.

Erstens. Der Westen muss die legitimen Sicherheitsinteressen Russlands auf der Krim anerkennen, wie das übrigens auch US-Außenminister Kerry erkannt hat. Es muss ein Status für die Krim gefunden werden, mit dem die Ukraine, Russland und wir leben können. Russland muss garantiert werden, dass die Ukraine nicht Mitglied der NATO wird.

Zweitens. Die Perspektive der Ukraine liegt in einer Brückenfunktion zwischen EU und Russland.

Drittens. Es muss in der Ukraine ein Prozess der Verständigung und Versöhnung zwischen Ost und West eingeleitet werden, vielleicht über einen föderalen oder konföderalen Status, vielleicht auch über zwei Präsidenten.

Was ich der EU und der NATO vorwerfe: Bis heute ist kein Verhältnis zu Russland gesucht und gefunden worden. Das muss sich jetzt gründlich ändern. Sicherheit in Europa gibt es weder ohne noch gegen Russland, sondern nur mit Russland. Wenn die Krise eines Tages überwunden ist, könnte ein Vorteil darin bestehen, dass das Völkerrecht endlich wieder von allen Seiten respektiert wird.

»Die Linke« und linke Politik in Deutschland

Vortrag am 25. April 2014 am Institut für Marxismus an der Peking-Universität

(…) Dass es einen Platz links neben den sozialdemokratischen Parteien trotz des Scheiterns staatssozialistischer Systeme des sowjetischen Typs gibt, hängt mit der Entwicklung des Kapitalismus nach dem Ende des Kalten Krieges zusammen. Während des Kalten Krieges hat der kapitalistische Westen (also die USA und Westeuropa) den erfolgreichen Versuch unternommen, die Sowjetunion und ihre Verbündeten durch die Etablierung eines attraktiven gesellschaftlichen Entwurfs in die Defensive, schließlich in den Zusammenbruch zu treiben. Das kapitalistische Wachstum sollte dazu genutzt werden, den Lebensstandard auch der subalternen Klassen, insbesondere der Arbeiterklasse, kontinuierlich anzuheben und durch die so einsetzende Massenkonsumtion die Nachfragestruktur für das kapitalistische Wachstum bereitzustellen. (…)

In dem Moment, wo die sozialistischen Planwirtschaften des sowjetischen Entwicklungsweges in die Stagnationsphase übergingen (…), hat sich der Gedanke, auf breiten Wohlstand für alle verzichten zu können, innerhalb der politischen Klasse in Deutschland und in anderen westlichen Ländern verbreitet. Der Neoliberalismus, in durchaus verschiedenen Varianten, wurde zur herrschenden Ideologie.

In den neunziger Jahren herrschte in Westeuropa die erste Welle neoliberaler Politik, vorangetrieben von konservativen und liberalen Parteien. Gegen Ende des Jahrzehnts war absehbar (in Deutschland, Frankreich und Großbritannien fast zeitgleich), dass die Bevölkerung die konservative Dominanz loswerden wollte und eine sozialdemokratische Politik wünschte. (…) Nur hatten sich die sozialdemokratischen Parteien gewandelt. Sie hatten den Neoliberalismus übernommen und versuchten, Begriffe wie »soziale Gerechtigkeit« umzuformen. Viele Wählerinnen und Wähler der Sozialdemokratie sahen sich getäuscht. Es entstand etwas, das man als Repräsentationslücke bezeichnen kann: Viele Bürgerinnen und Bürger sahen ihre politischen Bedürfnisse nicht mehr adäquat im parlamentarischen System abgebildet.

(…) In einigen Ländern der EU führte das zu einem Anwachsen rechtspopulistischer Parteien, in anderen Ländern zu Parteineugründungen (in Deutschland »DIE LINKE«, in Frankreich die »Parti de Gauche«). (…)

Sie alle sind Parteien, die sich positiv zur parlamentarischen Demokratie verhalten, diese aber über ihre kapitalistischen Schranken hinaus erweitern wollen; außerdem verfolgen all diese Parteien als Ziel die Überwindung des Kapitalismus, eine ökologische Produktionsweise und eine emanzipierte sozialistische Gesellschaft. Es gibt keine Versöhnung mit dem Kapitalismus. (…)

Nun klingt aus diesen Charakterisierungen der linkssozialistischen Parteien aber nicht nur eine klare Differenzmarkierung zur Sozialdemokratie an, sondern auch zum Kommunismus sowjetischer Prägung. (…) Dabei handelt es sich aber nicht um wohlfeilen Antikommunismus. Linkssozialistinnen und Linkssozialisten haben einfach nur zur Kenntnis genommen, dass der sowjetische Versuch, eine sozialistische Gesellschaft aufzubauen, gescheitert ist. (…)

Das politische System in Deutschland weist drei Parteien auf, die gesamtstaatlich etabliert und mehr oder weniger »links« sind. Das sind die Sozialdemokratische Partei, dann die Grünen und schließlich meine Partei, die Partei DIE LINKE. (…) Unter »Sozialdemokratie« konnte man – teilweise bis in die achtziger Jahre – ein politisches Projekt verstehen, das die wirtschafts- und sozialpolitische Einhegung des Kapitalismus verfolgte. In dieser Zeit schien es um nichts anderes zu gehen, als das stetige Wachstum der Wirtschaft zu sichern. (…)

Das Bewusstsein für die Grenzen des Wachstums und für die Notwendigkeit einer anderen, Natur und Ressourcen schonenderen Produktionsweise kam in den siebziger Jahren auf. In der Sozialdemokratie mit ihrer Wachstumsfixierung konnte die Alternativbewegung keine politische Zukunft finden. Eine neue Partei wurde fällig: Es bildeten sich die Grünen. (…)

Der nächste Bruch, der sich im linken Spektrum vollzog, war bedingt durch die Abkehr der Sozialdemokraten von der Idee, dass alle Gesellschaftsmitglieder ein Recht auf soziale Sicherheit haben. Sie organisierten mit ihrem Einschwenken auf einen neoliberalen Kurs den Abstieg eines Teils der Arbeiterklasse und der Arbeitslosen. Damit wurde in Deutschland der Platz frei für eine Partei wie DIE LINKE.

Man kann hier deutlich sehen, dass die drei Parteien politische Interessen- und Bedürfnisgruppen verkörpern, die sich nicht bruchlos miteinander versöhnen lassen. Deshalb ist eine grün-sozialdemokratisch-linkssozialistische Partei höchstwahrscheinlich nicht möglich.

Aber das ist nicht alles, was an Differenzen existiert. So hat die Sozialdemokratie ein traditionell entspanntes Verhältnis zur Staatsbürokratie. Etwas ironisch kann man sagen, dass sie die eigentliche Staatspartei in Deutschland ist. Das Wachstumsmodell spätkapitalistischer Industriestaaten, wie es bis in die siebziger Jahre ungebrochen funktionierte, hat die Staatsbürokratie sowohl als Sozialstaatsbürokratie als auch als infrastrukturelle Planungsbürokratie stark gemacht. (…) Der Linkssozialismus ist hier skeptisch. Das hängt zum einen mit dem Zusammenbruch der Staatsbürokratie des Staatssozialismus zusammen, zum anderen setzt der Linkssozialismus auf mehr Demokratie, um die Entwicklung moderner Gesellschaften zu steuern. Für die Grünen waren Planungsbürokratien schon allein aufgrund ihrer Verflechtung mit traditionellen Industrien eher der Gegner. (…)

In der Außen- und Sicherheitspolitik herrscht in der Bundesrepublik eine Ideologie, die sich selbst als »verantwortungsvolle« Politik auslegt. Die BRD – so heißt es seit der Wiedervereinigung – müsse mehr Verantwortung übernehmen. Eigentlich muss an der Wortwahl schon aufscheinen, dass es sich hier um ein dunkles Manöver handelt. (…) Die NATO hat zehn Jahre nach dem Ende des Kalten Krieges ein strategisches Konzept vorgelegt (inzwischen auch weiter überarbeitet), in dem nicht weniger als eine tief greifende Umwandlung von einem Verteidigungsbündnis in ein Interventionsbündnis beschlossen wurde. (…) Das Problem ist, dass die Sozialdemokratie und die Grünen sich mit der NATO und ihrer Politik – die in Wahrheit eine Fortsetzung amerikanischer Außenpolitik ist – arrangiert haben. DIE LINKE ist im Bundestag – dem deutschen Parlament – die einzige Kraft, die sich diesem Kurs verweigert. (…)

Das ist – bei weitem nicht vollständig – ein Überblick über die Schwierigkeiten einer Kooperation zwischen den deutschen Linksparteien. In Einzelfragen sieht das natürlich anders aus, hier gibt es Kooperationen, es gibt sie auch verstärkt auf kommunaler und Landesebene.

Nun möchte ich zu einigen Problemen sprechen, die linke Politik sich zum Gegenstand machen und auch bewältigen sollte.

a) *Die Krise des Neoliberalismus*

Mit der internationalen Finanzkrise (…) ist der Neoliberalismus in eine Art Zombie-Stadium eingetreten: Keiner will mehr ein Deregulierungsideologe sein, aber die Regierungen in der Europäischen Union, insbesondere die deutsche, tun nichts anderes, als die Vorgaben der großen Finanzkonzerne umzusetzen. (…) Die Krise wird nach neoliberalem Muster so gelöst, dass die Kosten der Krisenbewältigung der Gesellschaft aufgebürdet werden, konkret den Arbeitern, Angestellten, den Beziehern von Renten und Sozialleistungen.

Natürlich haben kritische Ökonomen alternative Vorschläge gemacht. Natürlich sind sie auch von Parteien wie DIE LINKE aufgegriffen worden. Aber diese intellektuellen und politischen Kräfte sind zu schwach, um durchsetzungsfähig zu sein. (...)

Ich setze aber darauf, dass sich in der SPD wieder ein Machtwille regen wird. Ewig in der Opposition zu sein oder als Juniorpartner einer konservativ geführten Regierung zu agieren, ist keine Zukunftsoption der Sozialdemokratie. Dazu muss sie sich aber wieder geistig von ihrer jüngeren Vergangenheit befreien und den Kontakt mit einer intellektuellen Szene in Deutschland suchen, die ein linkes Projekt längst ausbuchstabieren kann.

b) Internationale Politik: Kooperation statt Konfrontation
(...) Beginnen wir mit dem jüngsten Beispiel, mit der Ukraine-Krise. (...) Es ist völlig richtig, wenn man sagt, dass die Verletzung der territorialen Integrität eines souveränen Staates eine Völkerrechtsverletzung darstellt. Das Problem ist nur, dass es in der Politik niemals nur um das Aussprechen wahrer Sätze geht. Diejenigen, die sie aussprechen, müssen wenigstens eine gewisse Glaubwürdigkeit mitbringen. Hier sind die USA und die NATO in einer denkbar ungünstigen Lage. Oft genug haben die USA und die NATO geltendes Völkerrecht ignoriert, gebrochen oder umgangen. Es hat sie nicht gestört. Lange Zeit haben sie so getan, als sei Russland ein Land, dessen Sicherheitsinteressen man überhaupt nicht ernst nehmen müsse. Dass damit ein Haltungswandel in Russland gegenüber dem Westen ausgelöst werden könnte, hat man entweder nicht geahnt, dann zeugte das von unglaublicher Naivität, oder man hat es billigend in Kauf genommen, mitsamt den Folgen, die sich daraus ergeben. (...)

Die Linke in Deutschland muss sich diese Situation so klar machen, wie sie ist. Dazu ist, wie es scheint, aber nur DIE LINKE willens. Das hat auch das Verhältnis zur SPD und vor allem zu den

Grünen stark belastet. (…) Aber es gibt sowohl in der SPD als auch bei den Grünen Traditionen, an die diese Parteien wieder anschließen könnten, was den Abstand zu uns geringer machen würde.

c) Soziale Gerechtigkeit als Voraussetzung des ökologischen Umbaus
Es gibt nun einen Komplex, wo meine Partei zwischen Grünen und SPD liegt. Der ökologische Umbau der Industriegesellschaft war das Kernanliegen der Grünen. Am weitesten von diesem Projekt entfernt ist immer noch die SPD. Linkssozialisten würden eine Reihe von Sichtweisen einbringen können, die den ökologischen Umbau sogar beschleunigen könnten.

(…) Dort darf gerade nicht gebremst werden. Allerdings wissen wir auch, dass Konflikt- und Interessenlagen im Kapitalismus genau das auslösen können: eine Bremswirkung im ökologischen Umbau. Was ist mit Arbeitern, die in exzessiv umweltgefährdenden Produktionsbereichen tätig sind? Sind sie beziehungsweise ihre materielle Einkommensbasis nicht gefährdet durch ökologische Umbauprojekte? Das Problem darf man nicht geringschätzen. Schneller als man es glaubt, sind Koalitionen aus den entsprechenden Kapitalfraktionen und entsprechenden Segmenten der Arbeiterklasse in einer Verhinderungskoalition vereint. Ignorieren und wegbeten hilft hier nicht. Deswegen muss soziale Sicherheit, Konversion von Industrien und Beschäftigungssicherheit zu den Voraussetzungen gelingender ökologischer Umgestaltung gezählt werden. (…)

Hier kann DIE LINKE auch wirklich vermitteln zwischen grünen Modernisierungsansprüchen und sozialdemokratischen Beharrungsmomenten. Darüber hinaus muss ein linkes Projekt in Deutschland Impulse zur international gerechten Bearbeitung ökologischer Problem leisten können.

Vielleicht fragen Sie sich schon, warum ich hier öfter DIE LINKE als »linkssozialistisch« charakterisiert habe, ohne jedoch auf die sozialistischen Zielvorstellungen der Partei genauer einzugehen.

Ich denke, dass das Klügste, was Marx über sozialistische Zielvorstellungen geschrieben hat, wohl darin bestand, dass er es ablehnte, Utopien auszumalen. Das haben viele vor ihm schon gemacht. Unser sozialistisches Erbe besteht darin, dass wir uns für die Befreiung der Menschen aus ihren gesellschaftlichen Fesseln einsetzen. Und es gibt Freiheitspotenziale, deren Freisetzung durch das Kapital blockiert bleibt. Für die Aufhebung dieser Blockaden kämpfen wir.

»Macht aus alledem was draus!«

Rede auf dem Bielefelder Parteitag am 7. Juni 2015*

Heute spreche ich letztmalig als Vorsitzender unserer Bundestagsfraktion auf einem unserer Parteitage. (…)

Ich möchte einige wenige Bemerkungen zu meiner Entscheidung machen. (…) Aus der SED eine PDS zu transformieren, war eine ungeheuer schwere Aufgabe. Wie konnte ein wirklicher Drang zu Freiheit und Demokratie erreicht werden? Wie konnte man sozialistisch bleiben, ohne als Anhängerin bzw. Anhänger des gescheiterten Staatssozialismus zu gelten? (…)

Auch wenn sich unsere Anteile an Wählerinnen und Wählern in Ost und West nach wie vor gravierend unterscheiden, wir sind inzwischen eine bedeutende politische Kraft in der Bundesrepublik Deutschland. Wir sind – wer hätte sich das früher vorstellen können – Oppositionsführerin im Deutschen Bundestag. (…)

Die Frage ist, was sollte unsere Partei auszeichnen?

Erstens. Wir brauchen ein zutiefst kritisches Verhältnis zum Staatssozialismus, also auch zur DDR. Wir müssen die Einschränkungen von Freiheit, Demokratie und Rechtsstaatlichkeit deutlich herausarbeiten und so glaubhaft wie möglich garantieren, dass wir ein Höchstmaß an Freiheit, Demokratie und Rechtsstaatlichkeit anstreben. Wir müssen herausarbeiten, weshalb die Wirtschaft nicht funktionierte, den Mangel an Produktivität, Produkten und Dienstleistungen. Wir müssen für die Zukunft garantieren, dass es auch mit uns eine hohe Produktivität, eine funktionierende Wirtschaft und keine Mangelwirtschaft geben wird. Viel zu wenig wird mit uns eine funktionierende Wirtschaft verbunden, das muss sich ändern.

---

* http://www.linksfraktion.de/reden/macht-alledem-was-draus/, abgerufen am 5.9.2015

Andererseits dürfen wir aber nicht zulassen, dass das Bild von der DDR, die Leistungen der Menschen dort und ihre Biografien so arrogant, so von außen und ohne Kenntnis gewertet werden. Es gab beachtliche soziale und kulturelle Leistungen. Es gab leider eine politische Ausgrenzung auch in der Bildung, die es nie hätte geben dürfen, aber es gab keine soziale Ausgrenzung, wie wir sie heute massenhaft erleben. Der Zugang zu Bildung, Kunst und Kultur war für jede und jeden in der DDR im Unterschied zu heute bezahlbar.

Wenn wir das richtige Maß an deutlicher Kritik auf der einen Seite und an Respekt auf der anderen Seite finden, dann sind wir glaubwürdig.

Zweitens. Wenn wir sozialistisch bleiben wollen, müssen wir erklären, was uns und warum am Kapitalismus stört, auch was uns nicht stört, sondern im Gegenteil gut ist und wie man das Störende überwinden und das andere erhalten kann. Gegen eine kapitalistische Diktatur ist die Anwendung von Gewalt gerechtfertigt, um sie zu überwinden, braucht man eine Revolution. Wir aber leben in einer politischen Demokratie. Deshalb kommt für uns nur der gewaltfreie Weg der Transformation in Frage. Wir müssen versuchen, eine Mehrheit der Menschen in unserem Land von unserem Weg zu überzeugen. Wenn uns das nicht gelingt, haben wir nicht das Recht, sie zu unserem Weg zu zwingen.

Aber was funktioniert am Kapitalismus und was nicht? Der Kapitalismus kann eine höchst effiziente und produktive Wirtschaft hervorbringen, es gibt so gut wie nie einen Mangel an Waren und Dienstleistungen. Allerdings steht der Profit über allem. Ein Medikament für seltene Krankheiten rechnet sich nicht und wird so gut wie nie entwickelt. Die großen Banken und Konzerne haben eine übergroße und demokratiegefährdende Macht (…), und es steht ihnen nicht einmal im Ansatz eine funktionierende Weltpolitik gegenüber.

Wenn wir über eine Einschränkung der Macht der großen Banken und Konzerne nicht nur reden, sondern sie tatsächlich erreichen wollen, brauchen wir das Bündnis mit dem Mittelstand. Auch ihn stört die Marktdominanz der großen privaten Banken und Konzerne. Ihn stört auch, dass sie selbst pleitegehen dürfen, die anderen aber nicht. Ihn stört, dass er ehrlich Steuern bezahlen muss, während sich die Konzerne und großen privaten Banken erfolgreich davor drücken.

Ein solches Bündnis brauchen wir also, aber es darf kein Zweckbündnis sein. Wir müssen es ernst meinen. Sie dürfen nicht den Eindruck haben, dass wir sie über die Steuern kaputt machen wollen. Klar muss für uns und sie sein, dass es unsere Pflicht ist, die Schwächsten in unserer Gesellschaft, dann die Arbeitnehmerinnen und Arbeitnehmer, aber eben auch die breite Mitte der Gesellschaft, zu vertreten. (…) Das aber bedeutet, dass wir mit unserem Vorschlag von einem Spitzensteuersatz von 53 Prozent bei der Einkommensteuer nicht zu früh anfangen dürfen. Wir sollten nicht die Mitte der Gesellschaft treffen. Ich finde, der Spitzensteuersatz sollte für das Einkommen gelten, das bei einer Ledigen bzw. einem Ledigen über 100 000 Euro brutto pro Jahr liegt. Darüber wird beim nächsten Wahlprogramm zu diskutieren sein.

Übrigens, egal ob in Brandenburg oder in Berlin, wenn wir den Wirtschaftsminister oder den Wirtschaftssenator stellten, funktionierte die Wirtschaft gut. Ich finde, wir sollten aufhören, dies zu verschweigen und im Gegenteil beginnen, mit Stolz darauf zu verweisen.

Wir sollten dafür streiten, dass die öffentliche Daseinsvorsorge ausschließlich in öffentliche Hand gehört, dafür, dass die großen Privatbanken verkleinert und öffentlich-rechtlich wie die Sparkassen gestaltet werden. Alle Unternehmerinnen und Unternehmer sollten wissen, dass wir immer für mehr Demokratie in Unternehmen, das heißt für mehr Mitbestimmung und für angemessene und gerechte Löhne streiten werden. Aber sie sollen bis zum Mittelstand auch wissen, dass wir das Bündnis mit ihnen ehrlich suchen, auch ihre Interessen vertreten. (…)

Der Kapitalismus kann keinen Frieden sichern. Das hat mindestens zwei Gründe. Es geht um die Eroberung von Märkten, und es wird am Krieg zu viel verdient. Deshalb sind unsere Forderungen nach einem Verbot von Rüstungsexporten und nach der Überwindung von privater Rüstungsproduktion besonders wichtig. Wir sind und müssen eine Friedenspartei sein und bleiben.

Der Kapitalismus bringt andererseits hervorragende Leistungen auf den Gebieten der Forschung, Wissenschaft, Kunst und Kultur hervor. Wir müssen aber einen zunehmenden Kulturabbau ebenso bekämpfen wie wir uns dafür einzusetzen haben, den chancengleichen Zugang aller zu Kunst, Kultur und Bildung zu ermöglichen. Wir müssen die entschiedensten Kämpfer auch dort gegen soziale Ausgrenzung sein. Der letzte Zweck von Politik muss ein Mehr an Kultur sein. (…)

Der Kapitalismus ist sozial höchst ungerecht. Es gibt eine zunehmende Tendenz, den Reichtum in wenigen Händen zu konzentrieren und die Armut zu verbreiten. (…) 80 Personen auf der Welt besitzen genauso viel Vermögen wie 3,5 Milliarden Menschen, also die finanziell untere Hälfte der Menschheit – absurd! Wir sind also die Partei, die am entschiedensten für soziale Gerechtigkeit kämpft.

Der Kapitalismus hat aber auch große Schwierigkeiten, ökologische Nachhaltigkeit durchzusetzen. Wir stehen vor einer Klimakatastrophe. Ökonomische Interessen sprechen zum Teil gegen ökologische. Das ist das Problem des Kapitalismus. Wachstum ist übrigens ein positiver Begriff. Es ist nicht klug zu sagen, dass man gegen Wachstum sei, weil die Menschen das dahingehend missverstehen, dass man ihnen etwas wegnehmen, dass man ihre Lebensqualität einschränken will. In Wirklichkeit bedeutet aber ökologische Nachhaltigkeit ein Wachstum an Lebensqualität. Das muss man herausarbeiten. Die herannahende Klimakatastrophe zeigt, dass wir vor Menschheitsfragen stehen. Menschheitsfragen lassen sich nur beantworten, wenn es eine Struktur für Weltpolitik und ein Primat der Weltpolitik über die Wirtschaft gibt. Menschheitsfragen lassen sich nur beantworten, wenn die gravierendsten sozialen Probleme gelöst sind. (…) Eine Familie, die an Hunger leidet, interessiert sich weder für ökologische Nachhaltigkeit noch für Pressefreiheit. Außerdem zeigt dies, dass die Industriegesellschaften ernsthaft beginnen müssen, die Fluchtursachen zu bekämpfen, nicht die Flüchtlinge. (…)

Was also im Kapitalismus funktioniert, muss bleiben und weiterhin funktionieren. Und was nicht funktioniert und ungerecht ist, das müssen wir versuchen, zusammen mit anderen zu überwinden.

Drittens. (…) Dass wir kaum noch aus dem Bundestag wegzudenken sind, dass die Menschen im Land DIE LINKE inzwischen schon weitgehend für selbstverständlich erachten, sollte uns selbstbewusster machen. Es ist uns gelungen, das politische Spektrum der Bundesrepublik deutlich nach links zu erweitern, was vor 1989 völlig undenkbar war. Das ist eine historische Leistung. (…) Es wird Zeit, unseren Erfolg anzunehmen und den nächsten Schritt zu gehen, also alle Formen des politischen Agierens in den Ländern und im Bund als selbstverständlich wahrzunehmen, als Normalfall unserer politischen Arbeit zu begreifen. (…) Wir können und sollten auch auf Bundesebene regieren wollen, und zwar selbstbewusst, mit Kompromissen, aber ohne falsche Zugeständnisse. (…)

Selbst wenn wir nicht jeden Bundeswehrsoldaten aus dem Ausland zurückbeordert bekämen, aber es schafften, dass sich Deutschland an Kriegen wie gegen Jugoslawien, gegen Afghanistan, gegen den Irak, gegen Libyen, bei allen Kampfeinsätzen auf keinen Fall während unserer Regierungsmitverantwortung beteiligte – welch ein gewaltiger Fortschritt wäre dies?

Wahrscheinlich schafften wir es nicht, dass es keinen Waffenexport mehr gäbe. Aber wenn wir erreichen, dass es keine Waffenexporte mehr in Spannungsgebiete und an Diktaturen gäbe – welch ein gewaltiger Fortschritt wäre dies?

Natürlich schafften wir es nicht, die Europäische Union völlig umzukrempeln, aber wenn statt Sozial- und Demokratieabbau ein Mehr an sozialer Gerechtigkeit und Demokratie entstünde – welch ein gewaltiger Fortschritt wäre dies?

Stellt Euch ein Aufbauprogramm für Griechenland, durch eine solche Regierung vorangetrieben, vor – welch ein gewaltiger Fortschritt wäre dies?

Wenn es uns gelänge, die TTIP-Verhandlungen wenigstens auszusetzen und damit in der Zeit unserer Mitregierungsverantwortung zu stoppen – welch ein gewaltiger Fortschritt wäre dies? Eine erfolgreiche Zeit der Aussetzung könnte das Ganze auch nach einer Regierungsverantwortung von uns zum Stoppen bringen.

Wenn uns im Verhältnis zu Russland Deeskalation gelänge, wenn Russland in Europa wieder integriert werden würde, und dadurch auch das Selbstbestimmungsrecht des ukrainischen Volkes wiederhergestellt werden könnte – welch ein gewaltiger Fortschritt wäre dies?

Natürlich gäbe es auch bei einer Regierungsmitverantwortung von uns noch Geheimdienste und die NSA. Wenn es uns aber gelänge, selbstbewusst gegenüber der US-Regierung aufzutreten, Verhandlungen über ein No-Spy-Abkommen nicht vorzutäuschen, sondern zu erreichen, die Massenüberwachung und die Wirtschaftsspionage zu überwinden, die Vorratsdatenspeicherung zu verhindern sowie die eigenen Geheimdienste deutlich einzuschränken und wirksam zu kontrollieren – welch ein gewaltiger Fortschritt wäre dies?

Stellt Euch vor, wir könnten die Zustimmungsrechte der Betriebsräte und der Personalräte erweitern und die prekäre Beschäftigung deutlich zurückdrängen. Leiharbeiterinnen und Leiharbeiter hätten zumindest ab der ersten Stunde Arbeitszeit Anspruch auf

110 Prozent des Lohnes, den jemand aus der Stammbelegschaft für die gleiche Arbeit in dem Unternehmen erhält. (...) Der Niedriglohnsektor könnte viel effektiver bekämpft werden. Befristete Arbeitsverhältnisse gäbe es nur noch mit Sachgrund und nicht willkürlich. Der Missbrauch von Werkverträgen könnte ausgeschlossen, zumindest zurückgedrängt werden. Welcher gewaltige Fortschritt wäre es, wenn wir den Druck erhöhten, endlich für gleiche Arbeit in gleicher Arbeitszeit in Ost und West den gleichen Lohn zu zahlen? Und wenn wir durchsetzten, dass man in Ost und West für die gleiche Lebensleistung die gleiche Rente bezieht?

Welchen gewaltigen Fortschritt bedeutete mehr Steuergerechtigkeit? Es könnte uns gelingen, die Steuerfreibeträge für den ärmeren Teil der Bevölkerung zu erhöhen, die kalte Progression und den Steuerbauch für die Mitte der Gesellschaft zu beseitigen und den Spitzensteuersatz angemessen zu erhöhen. Natürlich müsste auch die Vermögensteuer wieder erhoben werden, ohne die kleinen und mittleren Unternehmen dadurch zu schwächen oder gar kaputt zu machen.

Welchen gewaltigen Fortschritt bedeutete es, endlich eine angemessene und stabile Finanzierung der Kommunen zu erreichen? Was nur über Umverteilung und Steuergerechtigkeit verwirklicht werden kann.

Ich sage Euch offen: In den letzten Fragen sehe ich die größten Schwierigkeiten beim Ringen mit SPD und Grünen. Dasselbe gilt für unsere Vorstellungen, die Rente grundsätzlich zu reformieren. (...) Durch eine Veränderung des Versicherungssystems könnten wir erreichen, die Zwei-Klassen-Medizin zu überwinden und eine ausreichend finanzierte Gesundheitsvorsorge und Gesundheitsfürsorge zu gestalten, die sich ausschließlich nach der Art der Erkrankung des Menschen und nicht nach seiner sozialen Stellung richtet. Wir könnten die Pflege so finanziert bekommen, dass sie sich nicht nach Minuten, sondern nach den Bedürfnissen der Betroffenen richtet.

Schwierig wären auch die Verhandlungen zu einer sanktionsfreien Mindestsicherung.

Entschieden müssen wir uns für deutlich bessere Bildungseinrichtungen und Chancengleichheit vor allem für alle Kinder in der Bildung einsetzen und für die Überwindung der schlechten Bezahlung der so genannten Frauenberufe. (…)

Na, und dass endlich die Homo-Ehe käme, wäre wohl selbstverständlich.

Liebe Genossinnen und Genossen, wenn es jemals zu Verhandlungen kommt, werden sie schwer, aber wir alle haben nicht das Recht, uns vor Schwierigkeiten zu drücken. Und außerdem brauchen wir auch etwas Neues. Immer nur zu sagen, wir sind und bleiben Opposition und gehen auf gar keinen Fall in eine Bundesregierung, ist für die Akteurinnen und Akteure langweilig und für die Wählerinnen und Wähler wenig überzeugend. Aber leicht ist es nicht, in die Regierung zu gehen und trotzdem gesellschaftlich Opposition zu bleiben. Aber ich denke, wir könnten das schaffen. Ich finde, wir sollten diesbezüglich offensiver, fordernder werden und SPD und Grüne stärker unter Druck setzen. Mit Anbiederung hat das nichts zu tun, sondern mit dem Wunsch nach schnellen realen gesellschaftlichen Veränderungen.

Veränderungen erreicht man auch in Opposition, aber eben nur deutlich schwieriger und langwieriger. Und wenn Sondierungen oder Koalitionsverhandlungen scheitern, dann darf dies nicht an uns liegen, sondern an SPD und beziehungsweise oder den Grünen. Denn sie stehen doch vor den eigentlich schwierigen Fragen. Will die SPD zur Alternative für die Union werden oder deren Anhängsel bleiben? Wollen die Grünen zur Union gehen oder das Gegenüber stärken? Aus diesen schwierigen Fragen sollten wir sie, liebe Genossinnen und Genossen, nicht entlassen. (…)

Viertens. Eine wichtige Frage für unser Image besteht auch darin, ob wir eine Partei des Verbietens oder des Erlaubens werden.

Jede und jeder von uns weiß, dass es bestimmte Verbote geben muss. Aber ich empfehle entschieden, dass wir eine Partei des Erlaubens werden.

Ich war mal auf einem Landesparteitag in einem Bundesland, in dem wir noch nicht in den Landtag eingezogen waren. Es ist uns übrigens bis heute noch nicht gelungen. Auf jeden Fall wurde über das Wahlprogramm diskutiert. Und dann stand ein Delegierter, der sich Sportwissenschaftler nannte, auf und erklärte, dass er als Sportwissenschaftler wüsste, dass sämtliche Europa- und Weltmeisterschaften schädlich für die Sportlerinnen und Sportler seien, und deshalb vorschlüge, in das Wahlprogramm die Forderung nach einem Verbot von Europa- und Weltmeisterschaften in diesem Bundesland aufzunehmen. Und wenn ein Wissenschaftler so etwas sagt, hat es die Mehrheit auch sofort beschlossen. Ich habe mich gefragt: Wir sind noch nicht einmal im Landtag, aber die Leute sollen gleich wissen, dass wir ihnen ein Vergnügen streichen. Warum könnte man nicht beschließen, über solche Fragen diskutieren zu wollen? Weshalb muss es gleich ein Verbotsbeschluss sein?

Fünftens. Natürlich müssen wir eine Partei bleiben, die Rassismus, Antisemitismus, Faschismus und jede Form von Nazitum entschieden bekämpft. Deshalb steht uns auch keine Arroganz gegenüber dem so genannten Kleinbürgertum zu, im Gegenteil. Wir müssen versuchen, es zu gewinnen, dürfen es nicht dem Rechtsextremismus oder Rechtspopulismus einfach überlassen.

Übrigens mag ich leidenschaftliche, engagierte, auch radikale Leute, aber keine Extremistinnen und Extremisten, schon weil sie frei von Humor und Toleranz sind. Dass Rechtsextremisten furchtbar sind, ist klar. Linksextremisten können aber auch mehr als unangenehm sein. (…)

Wenn wir diese fünf Punkte stärker beachteten, können wir uns endlich aus dem Zehn-Prozent-Wert bei den Bundestagswahlen nach oben entwickeln und auch außerparlamentarisch eine bedeutendere Rolle spielen.

Als ich mich 1989 entschied, in die Politik zu gehen, ahnte ich nicht einmal im Ansatz, was auf mich zukommen sollte. Hätte ich es gewusst, hätte ich es wohl nicht getan. Aber vielleicht ist es ein Vorteil, dass man nie genau weiß, worauf man sich einlässt.

Ich habe eine Bitte an Euch: Macht aus alledem was draus! (…)

Chronologie

16.1.1948: Gregor Gysi wird in Berlin geboren.
1954–1962: Grund- und Polytechnische Schule
1958: Scheidung der Eltern Klaus und Irene Gysi
1962–1966: Erweiterte Oberschule »Heinrich Hertz« in Berlin-Adlershof
1966: Abitur und zugleich Abschluss der Ausbildung als Facharbeiter für Rinderzucht
1966–1970: Jura-Studium an der Humboldt-Universität in Berlin, Abschluss als Diplom-Jurist
1966: Klaus Gysi wird Kulturminister der DDR (bis 1973).
1968: Gregor Gysi heiratet seine Freundin Jutta Schwarz und adoptiert ihren Sohn Daniel aus erster Ehe.
1970: Geburt des gemeinsamen Sohnes George Gysi
1971–1989: Arbeit als Rechtsanwalt in der DDR
1972: Gregor und Jutta Gysi trennen sich, Sohn George bleibt beim Vater.
1973: Klaus Gysi wird Botschafter der DDR in Rom (bis 1978).
1976: Promotion. Die Dissertation von Gregor Gysi trägt den Titel »Zur Vervollkommnung des sozialistischen Rechtes im Rechtsverwirklichungsprozeß«.
1979: Klaus Gysi wird Staatssekretär für Kirchenfragen (bis 1988).
4.11.1989: Gregor Gysi spricht bei der Großkundgebung am Alexanderplatz, die von Schauspielerinnen und Schauspielern

des Deutschen Theaters initiiert worden ist, gegen die Politik der SED-Führung.

5.11 1989: Gregor Gysi formuliert im Büro von SED-Politbüromitglied Günter Schabowski einen Gegenentwurf zum geplanten neuen Reisegesetz, der aber verworfen wird.

6.11.1989: Der offizielle Entwurf für das neue Reisegesetz wird veröffentlicht. Gregor Gysi hat seinen ersten Fernsehauftritt in einer Diskussionsrunde des DDR-Fernsehens, in der er den Gesetzesentwurf kritisiert.

2.12.1989: Bei einer Demonstration vor dem Gebäude des Zentralkomitees der SED schließt sich Gysi der Forderung nach einem Rücktritt von Parteichef Egon Krenz an. Einen Tag später tritt das ganze Zentralkomitee einschließlich Krenz zurück, am 6. Dezember gibt Krenz auch das Amt des Staatsratsvorsitzenden ab.

9.12.1989: Gysi wird bei einem außerordentlichen Parteitag zum Vorsitzenden der SED gewählt.

16.12.1989: Auf der Fortsetzung des Parteitags wird die SED in SED-PDS umbenannt. PDS steht für »Partei des Demokratischen Sozialismus«.

4.2.1990: Umbenennung in PDS

18.3.1990: Bei der ersten freien Wahl zur DDR-Volkskammer erhält die PDS 16,4 Prozent der Stimmen. Gregor Gysi wird Vorsitzender der 66-köpfigen Fraktion. Der CDU-Politiker Lothar de Maizière wird letzter Ministerpräsident der DDR.

2.12.1990: Bei der ersten gesamtdeutschen Bundestagswahl erhält die PDS 2,4 Prozent der Stimmen, zieht aber mit siebzehn Abgeordneten ins Parlament ein, weil die Fünf-Prozent-Klausel ausnahmsweise getrennt für das alte Bundesgebiet und die ehemalige DDR gilt. In den neuen Bundesländern liegt die PDS bei 11,1 Prozent, in den westlichen Ländern bei 0,3 Prozent der Stimmen. Gregor Gysi holt das einzige Direktmandat seiner Partei, er wird Vorsitzender der PDS-Bundestagsgruppe.

31.1.1993: Gregor Gysi, der nicht wieder kandidiert hat, wird im Parteivorsitz von Lothar Bisky abgelöst. Er bleibt bis 1997 Mitglied des Vorstands.
16.10.1994: Bei der Bundestagswahl erhält die PDS 4,4 Prozent der Stimmen und scheitert damit an der Fünf-Prozent-Hürde. Da sie aber vier Direktmandate erzielt, darf sie entsprechend ihrem Zweitstimmen-Ergebnis dreißig Abgeordnete entsenden und eine Bundestagsgruppe bilden. Gregor Gysi wird wieder Gruppenvorsitzender.
1996: Gregor Gysi heiratet seine PDS-Bundestagskollegin Andrea Lederer. Im selben Jahr wird die gemeinsame Tochter Anna geboren.
29.5.1998: Der Immunitätsausschuss des Bundestages legt einen Bericht über die angebliche inoffizielle Mitarbeit Gregor Gysis beim DDR-Ministerium für Staatssicherheit (MfS) vor. Darin heißt es, Gysi habe sich »in die Strategien des MfS einbinden lassen, selbst an der operativen Bearbeitung von Oppositionellen teilgenommen und wichtige Informationen an das MfS weitergegeben«. Gegen diese Wertung stimmt neben der PDS auch die FDP, weil sie sie nicht belegt sieht. Gysi bestreitet die Vorwürfe und bekommt in mehreren Gerichtsverfahren Recht.
27.9.1998: Bei der Bundestagswahl überwindet die PDS erstmals knapp die Fünf-Prozent-Hürde und erhält 5,1 Prozent der Stimmen. Gregor Gysi wird Vorsitzender der 36-köpfigen Fraktion.
April 2000: Beim PDS-Parteitag in Münster kündigt Gregor Gysi an, im Oktober nicht mehr für den Fraktionsvorsitz zu kandidieren. Am 2. Oktober 2000 wird Roland Claus zu seinem Nachfolger gewählt.
21.10.2001: Bei der Wahl zum Berliner Abgeordnetenhaus erhält die PDS mit Spitzenkandidat Gregor Gysi 22,6 Prozent der Stimmen.
1.2.2002: Gregor Gysi scheidet aus dem Bundestag, dem er ebenfalls noch angehört, aus, um in der ersten rot-roten Koalition des Lan-

des Berlin Senator für Wirtschaft, Arbeit und Frauen sowie Stellvertreter des Regierenden Bürgermeisters Klaus Wowereit (SPD) zu werden.

31.7.2002: Gregor Gysi tritt wegen der privaten Nutzung dienstlich erworbener Bonus-Flugmeilen von allen Ämtern zurück und arbeitet nur noch als Anwalt.

22.9.2002: Bei der Bundestagswahl, zu der Gregor Gysi nicht angetreten ist, erzielt die PDS nur 4,0 Prozent der Stimmen. Für sie ziehen lediglich Gesine Lötzsch und Petra Pau, die Direktmandate gewonnen haben, in das neue Parlament ein.

2004: Gregor Gysi erleidet zwei Herzinfarkte. Im November muss er sich wegen eines Aneurysmas einer Gehirnoperation unterziehen und erleidet im Zusammenhang mit der Operation einen weiteren Herzinfarkt.

3.6.2005: Gregor Gysi gibt seine Rückkehr in die Politik und seine Kandidatur bei der Bundestagswahl im September bekannt.

18.9.2005: Bei der Bundestagswahl überspringt die PDS, auf deren Liste auch Mitglieder der neuen Partei WASG kandidieren, erneut die Fünf-Prozent-Hürde und erreicht 8,7 Prozent der Stimmen. Gregor Gysi wird gemeinsam mit Oskar Lafontaine Vorsitzender der 54-köpfigen Fraktion.

23.12.2005: Gregor Gysi tritt zusätzlich der WASG bei, Lafontaine umgekehrt der PDS.

16.6.2007: Die PDS, bereits umbenannt in Die Linkspartei.PDS, vereinigt sich mit der WASG zur Partei Die Linke.

27.9.2009: Bei der Bundestagswahl erreicht die Linkspartei 11,9 Prozent der Stimmen und darf 76 Abgeordnete stellen. Gregor Gysi wird alleiniger Fraktionsvorsitzender.

2010: Gregor und Andrea Gysi trennen sich, Scheidung 2013.

22.9.2013: Bei der Bundestagswahl verliert die Linkspartei 3,3 Punkte und erreicht nur noch 8,6 Prozent der Stimmen (64 Abgeordnete). Sie liegt aber weiter knapp vor den Grünen, sodass der wiedergewählte Fraktionsvorsitzende Gregor Gysi sich Oppositionsführer nennen darf, nachdem Union und SPD die große Koalition gebildet haben.

7.6.2015: Gregor Gysi gibt auf dem Parteitag in Bielefeld bekannt, dass er bei der Neuwahl des Fraktionsvorsitzenden am 13. Oktober 2015 nicht mehr kandidieren wird. Für die Nachfolge wird kurz danach vom Parteivorstand eine Doppelspitze aus Sahra Wagenknecht und Dietmar Bartsch nominiert. Gysi lässt offen, ob er 2017 noch einmal für den Bundestag kandidiert.

240 Seiten
ISBN 978-3-86489-115-1
€ 16,99
auch als E-Book erhältlich

»Griechenland braucht endlich eine Chance auf Wachstum und nicht neue Kredite, um alte Schulden bedienen zu können.« Das sagt Giorgos Chondros, Mitglied im Syriza-Zentralkomitee. Er berichtet aus erster Hand, was in den wochenlangen Verhandlungen mit der EU und der sogenannten Troika tatsächlich besprochen wurde, und er zeigt, wie nicht zuletzt von deutscher Seite ein Propagandakrieg gegen Syriza und eine andere Art Politik geführt wurde – eine Politik, die die Menschen und nicht das Kapital in den Vordergrund stellt.